JN116613

豆 小皿料理一〇一銭

酒と肴

Recipe making まつ

mame
kozara
101
recipe

はじめに

夫婦で「まつ」を開店してから15年が経ちますが、
最近、ますます食べること、よく寝ることが大事だと思います。
これがいい仕事をする、楽しく過ごすことの原動力。
ウイルスに負けない免疫力をつける、体力をつける、正しく年を重ねる、
それには、体にイイモノを正しく食べて、よく動くことが大事です。

私たち夫婦は親の介護の真っただ中の世代で、友人も同じ境遇です。
私の実母は92歳になりますが、三重県から一人で東京に遊びに来ます。
彼女は足腰が丈夫で、自分で育てたイイモノを食べています。
私が後見人である95歳の伯母は2年前に大腸がんの手術をし、
一時せん妄状態でしたが、イイモノを食べて運動をしたら回復し、
今はボケもなく、元気で105歳を目指しています。
周りの老人を観察しているとこんなに差があるのかと思いますが、
食べることに気を遣うことで差が出てくるのは明らかです。
それはバランスよく食べること。
栄養の知識があまりないなら、
とにかくなんでも、いろいろなイイモノを食べましょう。
イイモノ＝高いもの、ではありません。
発酵食品や良質なたんぱく質、食物繊維……etc. でも難しく考えないで。
素材の形や出所がわかっている食材を選び、自分で手作りする。
好き嫌いなく、美味しいと思うものをなんでも食べる。
ただそれだけでいいんです。

でもいくら体にいいからといって、美味しくないものは続きません。
忙しく仕事をして、毎日丁寧に食事を用意するのはままならないことです。
一日の終わりの食事は、旨い肴で好きな酒を呑みたい。
時間やお金をかけず身近な食材で、ちょっと体に気遣ったものを、
なんでも豆小皿で食べるというつもりで、101皿の簡単料理を作りました。
ちょっと1品足りないときに、少しいいものをつまみたいときに
毎日の食卓に、豆小皿料理をどうぞ。

まつ　古屋茂男、文子

※豆小皿とは、豆皿と小皿を合わせた造語です。

お品書き contents

四章
お碗・ごはん・豆皿スイーツ

五章
器のはなし

mame_column

豆小皿のススメ

体にいい食事は、毎食でなくていいので、毎日続けるのが一番です。手をかけた料理を毎日続けるのは難しいけれど、少量をさっと1品作れる豆小皿なら、1食の品数も簡単に増やせて、自然と栄養バランスも整います。

そのうえで、ちょっと体によさげなものを食べることに気を遣ってみて。納豆や酢、味噌や塩麹などの発酵食品、アマニ油やスーパーフードを使う、青じそやスプラウトなどのじつは栄養価の高い薬味類を添えるなど。サラダではなく薄味の煮浸しやスープにすれば、生野菜よりもたくさん野菜が食べられます。

作ってみると、「なんだ、こんなに簡単なのか」と気付けるはず。掃除や洗濯、年寄りの様子も見に行きたい、買い物も、なんて時間はいくらあっても足りません。サッと作れる豆小皿料理を日々のレパートリーに入れると、きっと心も体も楽になれるはず。

この本の使い方

・この本の計量の単位は、大さじ1 = 15㎖、小さじ1 = 5㎖、1カップ = 200㎖、1合 = 180㎖です。
・トッピングなどで、分量の表記のないものは適量になります。お好みで調整してください。
・胡椒は黒胡椒を使っています。
・酢は米酢を使っています。
・EVオリーブオイルは、エクストラバージン・オリーブオイルの略になります。
・コンソメスープは市販のスープの素を水に溶かした状態で使用しています。
・「まつ」ではかつお節と昆布で出汁をとって使用していますが、この本ではより簡単に作れるように市販の白出汁や顆粒出汁を使用しました。普段から出汁をとっている方は、適宜変更ください。
・電子レンジは600Wのものを使用しています。ご使用の電子レンジのW数に合わせて調理時間を調節してください。

火を使わない豆小皿

—— 30秒から作れる スピード小鉢 ——

旨みの強い
酒盗の塩気が酒を呼ぶ

染付 蛸唐草文小皿 江戸期／金継ぎ：伊東ひろ子

まぐろ酒盗クリームチーズ

材料(2人分)

まぐろ（刺身用）……50g

まぐろの酒盗……大さじ2

クリーズチーズ……80g

トッピング（細ねぎの小口切り）

作り方

一　まぐろは包丁でたたき、酒盗と混ぜ合わせる。

二　器にクリームチーズと（一）を盛り、細ねぎを散らす。

酒盗のみだと塩が強いので、まぐろの刺身を混ぜて中和させます。まぐろの代わりにかつおの刺身とかつおの酒盗で作っても。粗くたたいても、潰してなめらかにしてもお好みでどうぞ。

和にも洋にも大活躍。
万能ソースで一献

右から、染付 角小皿 江戸期／金継ぎ：大川薫、染付 松文菱形豆皿 江戸後期

まぐろ和風タルタル

材料(2人分)

まぐろ（刺身用 / さく）……150g

練り辛子……少々

和風タルタルソース

 マヨネーズ……大さじ 1 と 1/2

 酢……小さじ 1

 白味噌……小さじ 1

 醤油……小さじ 1

 酒……小さじ 1

 みりん……少々

トッピング

（紅たで芽、好みのスプラウト）

作り方

一　まぐろは 2㎝角に切る。

二　【和風タルタルソース】は混ぜ合わせ、器に敷く。

三　まぐろ、トッピングを盛る。辛子を添える。

和風タルタルソースは日持ちするので多めに作っても（その場合、マヨネーズ大さじ 4、酢・白味噌・醤油・酒各大さじ 1、みりん小さじ 1/2。保存は冷蔵庫で約 3 週間）。辛子を先に混ぜておいてもよく、白身魚や貝の刺身、練り物や、野菜の千切りを和えて和風サラダにしても美味しい。

好きな薬味を
好きなだけ。
それだけで贅沢

左から、染付小皿、染付豆皿 4 種 すべて江戸期／金継ぎ：伊東ひろ子

かつおのたたき
トッピングたくさん

材料(2人分)

かつおのたたき……1/2 節

トッピング……適量
｜ 玉ねぎ、きゅうり、青じそ、
｜ 細ねぎ、貝割れ菜、紅たで芽、
｜ スプラウト（アマランサス）

A……適量
｜ にんにく、おろし生姜、
｜ 醤油、練り辛子

作り方

一　かつおは 6㎜厚さに切る。

二　【トッピング】の玉ねぎ、【A】の
　　にんにくは薄切りにする。きゅう
　　りと青じそは千切り、細ねぎは小
　　口切りにする。貝割れ菜とスプラ
　　ウトは根を切り落とす。

三　器に玉ねぎを敷いてかつおを並
　　べ、残りの【トッピング】を盛
　　る。【A】を添える。

✿　たたきを手作りするなら、刺身用のかつおに金串を2本打ち、グリルで焼きます（藁で炙れれば
　　最高）。中に火を通さないように表面だけを焦がし、冷水に放す。粗熱がとれたら水気をふきます。

材料（2人分）

あじ（刺身用／三枚におろしたもの）
　……1尾分
細ねぎ……5本
青じそ……5枚
醤油麹……大さじ1
おろし生姜……大さじ1

トッピング
（針生姜、好みで紅たで芽）

作り方

一　あじは4mm幅に切って、さらに4mm大に刻む。

二　細ねぎは小口切り、青じそ4枚をみじん切りにする。醤油麹を加えて混ぜる。（一）も加えて混ぜる。

三　残りの青じそ1枚を器に敷き、（二）を盛る。トッピングを散らし、おろし生姜を添える。

 身体に優しい発酵食品の醤油麹や塩麹は麹の甘さがあるので、他に調味料を入れなくても旨味や甘みが出せます。生姜など、個性の強い薬味もたくさん食べられます。

左から、染付 山水文小皿 江戸期／金継ぎ：伊東ひろ子、染付 千鳥形豆皿 江戸期

あじのたたき
醤油麹かけ

旬魚と薬味を引き立てる
麹の優しい甘み

しめさばの
しそマヨネーズ和え

ヨーグルトを加えた
マヨネーズでサッパリと

染付 変形豆皿

材料(2人分)

しめさば（市販品）……1/2尾分
青じそ……5枚

和え衣
　マヨネーズ……大さじ1
　プレーンヨーグルト……大さじ1
　赤じそのふりかけ（ゆかり）
　　……小さじ1

作り方

一　さばは5mm幅に切る。青じそは千
　　切りにする。
二　【和え衣】は混ぜ合わせ、さばを
　　和える。
三　器に盛り、青じそをのせる。

 素晴らしく新鮮なさばが手に入ったら、ぜひ自家製しめさばを。さば1尾分は三枚におろし、砂糖・塩各大さじ2を全体にまぶして1時間ほどおく。砂糖と塩は水で洗い流し、酢適量に浸して3時間おく。酢から引き上げて昆布2枚で挟み、ラップで包んで冷蔵庫で3時間おいたら冷凍庫で冷凍する。1ヶ月以内に食べきって。

材料(2人分)

ゆでだこ……100g

玉ねぎ……1/4 個

レモン……1/2 個

おいしい塩……少々

粗挽き黒胡椒……少々

EV オリーブオイル……大さじ 1 前後

トッピング（セルフィーユ）

作り方

一　たこと玉ねぎは薄切りにする。レモンは 1〜2 枚、薄い輪切りにし、粗く刻む。

二　器に玉ねぎを敷き、たこを並べる。塩、胡椒をふって（一）のレモンを散らす。

三　残りのレモンは汁を絞りながらかけ、オリーブオイルをかける。セルフィーユを飾る。

 シンプルに魚介の味を楽しむカルパッチョには、ぜひミネラルを含んだ「おいしい塩」を使ってください。海塩、岩塩、どちらでもお好みでどうぞ。

染付 芙蓉文小皿 江戸後期／黒漆継ぎ：伊東ひろ子

染付の器に映える紅のたこ。
目にも美味しい豆皿に

たこの
レモンカルパッチョ

いかの湯通し ワタ醤油がけ

ワタの旨みで
手間をかけずに
深い味

手前から、有田 染付 菊水文舟形小鉢、染付 千鳥文木瓜形豆皿、染付 オクラ形豆皿 江戸期

材料（2人分）

するめいか（刺身用）……1ぱい
醤油……大さじ1
酒……小さじ2

トッピング
　（細ねぎの小口切り、おろし生姜）

作り方

一　いかは内臓とともに足を抜き、軟
　　骨と目玉を取り除く。いかの胴は
　　輪切りにする。ワタは別に取り分
　　ける。

二　いかの胴とゲソは熱湯をかけて
　　さっと湯通しし、器に盛る。細ね
　　ぎをトッピングする。

三　いかのワタは袋から出し、醤油と
　　酒を混ぜて豆皿に盛る。おろし生
　　姜とともに（二）に添え、食べる
　　直前にかける。

 新鮮ないかが手に入ったら作って欲しい一皿です。ワタを加えることで醤油の量も少量で済み、
さっとゆでるだけで奥深い味わいが楽しめます。ワタ醤油はいかと和えて出しても OK。

材料（4個分）

フルーツトマト……4個
オリーブ（塩漬け）……8粒
コンソメスープ（冷ましたもの）
　　……200㎖
バジルの葉……4枚

作り方

一　フルーツトマトは皮を湯むきし、オリーブの塩漬けとともにスープに浸す。

二　器に盛り、バジルの千切りをのせる。

 スープに浸してすぐ食べればトマトのフレッシュ感が味わえ、30分以上おけばしっかりスープが浸透します。冷蔵庫で2～3日保存できますが、1人で1～2個はペロリと食べられるおいしさです。

金彩プリント豆皿

フルーツトマトとオリーブ塩漬けのコンソメ浸し

おもてなしにも喜ばれるかわいい豆小皿料理

お酒の前や合間にも
舌を潤す旬の水菓子

びわと生ハム

印判 紅葉文小皿 大正期

材料(2人分)

びわ……1個
生ハム……2枚

トッピング（セルフィーユ）

作り方

一　びわは皮をむき、縦半分に切って
　　種を除く。

二　びわは生ハムでくるりと巻く。セ
　　ルフィーユを飾る。

今回はびわを使いましたが、生のいちじくで作っても美味しいですよ。

材料(2人分)

いちじく（セミドライ）……2個
クリームチーズ……大さじ1
胡桃……2粒

作り方

一　いちじくは横半分に切り込みを入れる。
二　（一）にクリームチーズと胡桃を挟む。

 いちじくの代わりに、セミドライのあんずに挟んでもいいですね。

金彩プリント輪花形豆皿

ドライいちじくと
チーズの
胡桃はさみ

ワインも
日本酒にも合う
組み合わせの妙

いぶりがっこの マヨネーズ和え

味わい深くまろやかで
こりっとした食感も楽しい

染付豆鉢 大正期／金継ぎ：伊東ひろ子

材料（2人分）
いぶりがっこ……3㎝長さ
マヨネーズ……大さじ1
白炒り胡麻……適量

作り方
一　いぶりがっこは好みの大きさに切る（写真は1.5㎝角）。
二　マヨネーズで和え、器に盛って胡麻をふる。

いぶりがっことは燻した大根を米ぬかで漬け込んだ秋田の伝統的な漬物です。たくわんとは異なる旨みやスモーキーな香りが、日本酒や焼酎はもちろん、ワインやウイスキーにもぴったり。

22

お酒がすすむ、
しかも体に優しい

印判 小紋文小皿 大正期

白髪ねぎと ザーサイのアマニ和え

材料（2人分）

長ねぎ……1本
ザーサイ……30g
アマニ油……小さじ1
アマニロースト……大さじ1

作り方

一　長ねぎは4cm長さ×2mm幅の千切りに、ザーサイは細切りにする。

二　アマニ油を加えて混ぜ、アマニローストをふる。

 アマニ（亜麻仁）とは植物の種子で、免疫力アップやボケ防止に役立つといわれるオメガ3脂肪酸が豊富。油はクセがなく、香ばしいローストは胡麻の代わりにも使えます。

簡単なのに
お洒落なおつまみ

伊万里 染付 兎文碗 江戸初期

豆腐と黄身ソース　トリュフ塩添え

材料(2人分)

絹ごし豆腐……1/2 丁（150g）
トリュフ塩（市販品）……適量

トッピング（セルフィーユ）

黄身ソース
　卵黄……1 個分
　白出汁……小さじ 1/2
　醤油……小さじ 1/2
　アマニ油……小さじ 1/2

作り方

一　【黄身ソース】は混ぜ合わせ、器に敷く。

二　豆腐は半分に切って器に盛り、セルフィーユを飾る。

三　トリュフ塩を添え、好みの量をふって食べる。

 塩に乾燥トリュフを混ぜた「トリュフ塩」は、和風なおつまみとも好相性。ちょっとひとふりするだけで、リッチな香りが料理をランクアップさせてくれます。

材料（2人分）

木綿豆腐……50g

好みの納豆（写真は黒納豆）
　……1 パック（50g）

ゴーヤ……1/2 本

塩……ひとつまみ

塩麹……大さじ 1/2

アマニ油（または EV オリーブオイル）
　……小さじ 1

作り方

一　豆腐は 3 時間ほど重石をして、しっかり水気をきる。手でつぶす。

二　ゴーヤは縦半分に切って種とワタを除き、2mm幅に切る。塩をふってもみ、しばらくおいて水を出し、水気を絞る。

三　納豆はよく混ぜ、（一）、（二）、塩麹、アマニ油を加えて混ぜる。

 納豆はよく混ぜると納豆酵素が活かされる気がします。発酵食品の麹とオメガ 3 脂肪酸が含まれるアマニ油でヘルシー。

染付 宝箱形豆皿

納豆とゴーヤの塩麹白和え

麹と納豆、日本が誇る発酵パワーをダブルで味わう

ねばねば和え

お店でも人気の贅沢とろろ。
ぜひご賞味あれ

染付 梅文汲み出し 大正期

材料（2人分）

長芋……100g

好みの納豆（写真は黒納豆）
　　……1パック（50g）

いぶりがっこ……大さじ2

高菜漬け……大さじ2

ゆで卵（半熟）……1個

めかぶ……20g

納豆に付属のたれ……1袋

作り方

一　長芋は器にすりおろす。

二　納豆はよく混ぜる。いぶりがっこ、高菜漬け、ゆで卵、めかぶはそれぞれ粗く刻む。

三　（一）に（二）をのせ、付属のたれをまわしかける。食べる直前に和えて食べる。

納豆にたれが付属していない場合は、醤油小さじ2＋白出汁小さじ1を合わせて使ってください。

葉、実、様々な山椒が
織りなす爽やかな香り

左から、染付 微塵唐草文小鉢 江戸期、染付 市松文半開扇形豆皿

とろろと穴子の山椒風味

材料(2人分)

長芋……100g
煮あなご（市販品）……30g
木の芽……2枚

A
　醤油……小さじ2
　白出汁……小さじ2
　酒……小さじ1

3種の山椒
　山椒の若芽の佃煮（市販品）
　　……適量
　実山椒の醤油煮(市販品)……適量
　粉山椒……適量

作り方

一　長芋は器にすりおろし、【A】を
　　まわしかける。
二　あなごは半分に切って（一）にの
　　せ、木の芽を飾る。
三　【3種の山椒】を添える。

 春になると庭に芽吹いた山椒の葉や実を使って、醤油漬けや佃煮を大量に作ります。酒肴に山椒
は大活躍！「まつ」の料理には欠かせない存在です。

材料（2人分）

塩蔵わかめ……30g
もずく……1パック（50g）
ちくわ……1本
きゅうり……1/2本

梅だれ

| 梅干し……2個
| 白出汁……小さじ1
| あれば赤梅酢……小さじ1

作り方

一　わかめは水洗いし、水につけてもどす。水気を絞ってざく切りにする。

二　ちくわは長さを3〜4等分にして4つ割りにする。きゅうりも同じ大きさに切る。

三　【梅だれ】を作る。梅干しは種を除いて包丁でたたき、白出汁、あれば赤梅酢を混ぜる。（一）、（二）を和える。

 梅だれは多めに作って冷蔵庫で保存しておくと重宝します。野菜や練り物、豚しゃぶと和えるだけで、すぐにおつまみが一品でき上がります。

染付 山水四方襷文小鉢 江戸後期／金継ぎ：伊東ひろ子

海藻とちくわ、きゅうりの梅和え

箸休めにぴったりの
心地よい酸味

なんでも千切りサラダ

お店でも人気の一皿。お野菜の種類が多いほど美味しい

染付 なづな唐草文小鉢 大正期

材料（2人分）

紫玉ねぎ……1/4 個
きゅうり……1/2 本
青じそ……2 枚
みょうが……1 個
貝割れ菜……1/2 パック
白炒り胡麻……たっぷり
ポン酢醤油……大さじ 1

作り方

一　野菜はすべて千切りにする。貝割れ菜は根を切り落とす。

二　胡麻とポン酢醤油で和える。

 ただ切って和えるだけで、たくさんの野菜がとれます。みょうがを効かせるのがポイント。使う野菜は好きなものをできるだけ種類多く、お店ではにんじんも入れています。

材料（2人分）

塩蔵わかめ……25g
ディル……2〜3枝
松の実……大さじ1

ドレッシング
　酢……大さじ1
　醤油……大さじ1
　EV オリーブオイル……大さじ1
　生姜汁……小さじ2
　塩……少々

作り方

一　わかめは水洗いし、水につけてもどす。水気を絞ってざく切りにする。

二　ディルは葉をちぎり、（一）、松の実と合わせ、【ドレッシング】を加えて混ぜる。

 わかめは塩蔵以外でも OK、水でもどして 50g を使います。松の実は仙人の食といわれるほど栄養価の高いナッツ。キッチンに常備して、お料理にトッピングに活用してください。

染付 山水文小皿 明治期

デ
ィ
ル
と
わ
か
め
の
松
の
実
サ
ラ
ダ

ナ
ッ
ツ
の
コ
ク
を
効
か
せ
た
香
り
の
い
い
海
藻
サ
ラ
ダ

豆サラダ

いろいろなお豆を
少しずつつまむ愉しみ

染付 なづな唐草文小鉢 大正期

材料（2人分）

ミックスビーンズ（水煮やドライパック）
　……1袋（70g）
セロリ……1/2 本
ハム……1 枚

ドレッシング
　白ワインビネガー……大さじ 1
　EV オリーブオイル……大さじ 1
　蜂蜜……小さじ 1
　塩……少々
　胡椒……少々

作り方

一　セロリは筋を取って薄切りに、ハ
　　ムは 1cm角に切る。

二　ミックスビーンズと（一）を合わ
　　せ、【ドレッシング】を加えて混
　　ぜる。

 5種の豆が入ったミックスビーンズを使いました。たんぱく質が多く栄養価が高い大豆はぜひ。ほ
か、いんげん豆やひよこ豆など、種類が多いほど栄養バランスがよく、なにより楽しい。

mame_column **1**

お酒の賢い呑み方

　私たち夫婦は、ものすごくお酒を呑むわけではありません。そして、酒の銘柄や造りなど、うんちくも必要としていません。ワインでも焼酎でも、本当に好きなものを、好きな呑み方で楽しむのが一番だと思っています。

　お酒のメリットのひとつに、血の巡りをよくする働きが知られています。特に寒いときは、熱燗や焼酎のお湯割りで体を温めます。体温が下がると免疫力がくんと落ちるそうなので、平熱36.5℃を目指し、体が冷えない呑み方をしています。お酒は百薬の長。お酒のないつまみはつまらないし、お酒があると早食いにならずに済む。ちょいちょい呑みながら豆小皿をつまめば、胃に負担がかかりません。時間をかけて、会話を楽しみながらゆ〜っくり晩酌を楽しんでください。休日は4〜5時間かけて、お酒と肴を楽しむことも多いんですよ。

　最後にひとこと。グラスなど、酒器の洗い方も気遣うといいですね。ざらざらしていないスポンジでよく洗い、布巾はタオルでなく平織りの布で、麻より綿素材がおすすめです。

二章

楽々豆小皿

――さっと加熱や、寝かせるだけで
旨くなる手間なし料理――

青菜、ブロッコリー、
なんにでもあう
明太子ヨーグルト

色絵千鳥文向付 明治期／金継ぎ：伊東ひろ子

めんたいこ菜の花

材料（2人分）

菜の花……1束
辛子明太子……1/2腹（30g）
プレーンヨーグルト
　　……大さじ3と1/3（50g）

浸し地
　　白出汁……大さじ1
　　醤油……小さじ2
　　塩……ひとつまみ
　　水……200mℓ

作り方

一　菜の花は塩少々（分量外）を加えた沸騰した湯に入れ、鍋のまわりがふつふつしたらすぐ冷水にとる。

二　水気を絞って【浸し地】に漬け、30分おく。

三　辛子明太子は皮から身をこそげ取り、ヨーグルトと混ぜる。

四　菜の花は汁気を絞って半分に切る。器に盛り、（三）をかける。

 菜の花は八百屋で売っている状態だとやや乾燥していますが、タッパーに入れ、ひたひたの水を注いでひと晩おくだけで見違えるほど生き返ります。

材料(2人分)

アボカド……1/2 個
白舞茸……1 パック

二杯酢
| 水……大さじ 4
| 酢……大さじ 3
| 白出汁……小さじ 1
| 塩……小さじ 1/2
| 醤油……3 滴

作り方

一　アボカドは種を除いて皮をむき、
　　1.5㎜角に切る。

二　白舞茸は小房に分け、熱湯でさっ
　　とゆでる。

三　（一）、（二）を【二杯酢】で和え
　　る。

 さっぱりさせたいとき、淡白な食材のときは二杯酢で、コクが欲しいときや、肉などを和える
ときは三杯酢と使い分けています。

染付 蛸唐草文小鉢 江戸期／金継ぎ：伊東ひろ子

アボカドと
白舞茸の二杯酢

染付の色で映える白と緑。
和とモダンさが味わえる

湯葉と小松菜、
ささ身の三杯酢

ゆでて和えるだけで
品のいい小鉢が完成

万古 赤絵小鉢 山田東華作

材料（2人分）

乾燥湯葉……5g
小松菜……1/2 束 (150g)
鶏ささ身……2 本

三杯酢
　水……大さじ 4
　酢……大さじ 3
　白出汁……小さじ 1
　砂糖……小さじ 1
　塩……ひとつまみ
　醤油……3 滴

作り方

一　乾燥湯葉は水少々に浸してもどす。

二　小松菜は熱湯でゆでて水気を絞り、4cm長さに切る。ささ身は熱湯でゆでて手でほぐす。

三　（一）、（二）を【三杯酢】で和える。

材料（2人分）

小松菜……1/2束（150g）
にんじん……3cm長さ
油揚げ……1枚

煮汁
| 水……150㎖
| 白出汁……大さじ1
| 酒……大さじ1
| 醤油……小さじ1
| みりん……小さじ1
| 塩……少々

作り方

一　小松菜は4cm長さに切り、にんじんと油揚げは短冊切りにする。

二　鍋に【煮汁】、にんじん、油揚げを入れて火にかけ、さっと煮る。

三　小松菜は（二）に茎から加え、葉を入れたら火を止める。

小松菜、ほうれん草、白菜、キャベツなど、どんな葉物野菜でもアレンジOK。最後に卵を落としてもgood。

萩 脚付き片口 寺島千代子作

青菜の
さっと煮

野菜の食感を残した
軽快な煮浸し

舞茸のハーブサラダ

フレッシュとドライ、ふたつの香りを堪能

中国色絵小鉢

材料（2人分）

舞茸……1パック
フレッシュハーブ
　（写真はバジル）……30g

ドレッシング
　酢……大さじ1
　EVオリーブオイル……大さじ1
　蜂蜜……小さじ1
　ミックスハーブ（ドライ）
　　……小さじ1/2
　塩……少々
　胡椒……少々

作り方

一　舞茸は小房に分け、ラップで包む。電子レンジで4分加熱し、粗熱をとる。

二　ハーブは葉をちぎる。

三　（一）、（二）に【ドレッシング】を加えて混ぜる。

 舞茸が淡白なので、バジル、ルッコラ、イタリアンパセリ、パクチーなど、しっかりした風味のフレッシュハーブを合わせます。ドライハーブはフレンチミックスかイタリアンミックスを使ってください。残り少なくなったドライハーブは、相性のよいもの同士でひと瓶にまとめてオリジナルミックスハーブを作るといいですよ。

塩を使わず、チーズで調味。
左党好みの滋味な塩気

呉須刷毛目変形皿 寺島千代子作

アスパラ卵

材料(2人分)

卵……2個
アスパラ……1束
ペコリーノ・ロマーノ……大さじ1
黒胡椒(粗挽き)……少々

作り方

一　卵は沸騰した湯に入れて6分ゆで、水にとる。殻をむいて、ざく切りにする。

二　アスパラは根元の皮をむき、はかまを取る。ラップで包み、電子レンジで5分加熱する。粗熱をとり、長さを4等分に切って器に盛る。

三　(二)に(一)をのせてチーズをおろしかけ、胡椒をふる。

塩気の効いたペコリーノ・ロマーノを使いましたが、ロックフォール(ブルーチーズ)をくずしてのせるのもいいと思います。

材料（2人分）

にんじん……1本

A

| 塩麹……大さじ1
| 白すり胡麻……大さじ1
| 胡麻油……小さじ1
| 鶏ガラスープの素（顆粒）
|　　……小さじ1/2

作り方

一　にんじんは千切りにする。

二　沸騰した湯ににんじんを入れ、再び沸騰したらザルにとって粗熱をとる。

三　水気をきり、【A】で和える。

 ナムルの和え衣に塩麹を加えると、甘くマイルドな口当たりになります。ここににんにくのすりおろし小さじ1を加えると、より韓国風になります。

金彩プリント輪花形小皿

にんじんの塩麹ナムル

ほんのり甘い優しい
口当たりのナムル

ほうれん草の
黒胡麻和え

簡単に作れて栄養も摂れる
毎日でも食べたい一皿

有田（深川青磁）青磁瓢箪形豆皿

材料(2人分)

ほうれん草……1/2束

和え衣
　黒すり胡麻……大さじ2
　醤油……大さじ1
　白出汁……小さじ1
　みりん……小さじ1

作り方

一　ほうれん草は熱湯でかためにゆでる。水気を絞り、4㎝長さに切る。

二　【和え衣】で和える。

 小松菜や春菊などお好きな青菜で作ってください。胡麻に豊富なセサミンは抗酸化作用があって老化を防止。鉄分も多く、肌や髪もつやつやに。毎日摂りたい素材です。

材料（2人分）

じゃが芋……2個
卵……1個
玉ねぎ……1/4個
きゅうり……1/2本
塩……ひとつまみ

A
| マヨネーズ……大さじ4
| レモン汁……大さじ2
| 塩……少々
| 胡椒……少々

作り方

一　じゃが芋は水からゆで、沸騰した
　　ら卵を加えて12分ゆでる。卵だ
　　け取り出して水にとり、殻をむ
　　く。じゃが芋はそのまま、柔らか
　　くなるまでゆでる。ザルにとり、
　　粗熱がとれたら皮をむく。

二　ボウルに（一）、【A】を合わせ、
　　つぶしながら混ぜる。

三　玉ねぎは薄切りにして水洗いし、
　　水気を絞る。きゅうりは小口切
　　りにして塩をふり、水気を絞る。
　　（二）に加えて混ぜる。

 作り置きもできます。（二）まで作ったら、冷蔵庫で3〜4日ぐらい保存可能。玉ねぎ、きゅ
うりを加えると水が出るので、食べる直前に合わせてください。

金彩プリント色絵小皿

ポテトサラダ

野菜と卵だけの
ヘルシーなポテサラ

焼き野菜の
トマトパテのせ

家にある野菜で
さっと作れる
気の利いたつまみ

色絵輪花形皿 岡晋吾作

材料（2人分）

好みの野菜（ズッキーニ、パプリカ、
　　長芋など）……各2切れ
オリーブオイル……少々
ドライトマトパテ（市販品）……適量

作り方

一　野菜は輪切り、または食べやすい
　　大きさに切る。
二　フライパンにオリーブオイルを薄
　　く敷き、（一）を焼いて軽く焼き
　　めをつける。
三　器に盛り、トマトパテをのせる。

ドライトマトパテとはイタリアの家庭でも人気なパテのこと。ドライトマトにオリーブオイルや
バジル、ニンニクなどを加えたもので、水分が少なく、コクがあるのでパンにのせても美味。

材料(2人分)

はんぺん……1枚
好みのスプラウト……適量

梅たれ
  梅干し……2個
  白出汁……小さじ2
  醤油……小さじ1

作り方

一 【梅たれ】を作る。梅干しは種を除き、包丁で粗くたたく。白出汁と醤油を混ぜる。

二 はんぺんは焼き網かトースターで焼き、4等分に切る。

三 スプラウトは根を切り落とす。（二）とともに器に盛り、（一）をかける。

 梅たれは多めに作っても、冷蔵庫で日持ちします。ちくわなどの練り物や海藻、きゅうりなどの野菜とも相性がいいですね。

金彩色絵小鉢 大正期

焼きはんぺんとスプラウトの梅たれがけ

ふわふわ熱々のはんぺんを梅たれでさっぱりと

こんにゃくの竜田焼き

味の染みたこんにゃくを
かりっと焼いて香ばしく

色絵柘榴形豆皿 高橋芳宣作

材料（作りやすい分量）

こんにゃく（アク抜き済み）……1枚
片栗粉……適量
サラダ油……大さじ1

付け合わせ
　（きゅうりの塩もみ、白炒り胡麻）

A
| 水……200mℓ
| 酒……大さじ2
| 醤油……大さじ1
| 白出汁……大さじ1
| みりん……小さじ1

作り方

一　こんにゃくは3cm角に切る。鍋に【A】を合わせ、こんにゃくを煮汁がほぼなくなるまで煮る。

二　（一）に片栗粉をまぶす。フライパンに油を熱し、転がしながら焼く。

三　器に盛り、付け合わせを添える。

 こんにゃくは生芋から作られたものを使ってください。精製こんにゃく粉から作ったものとは食感がまるで違います。

甘さではなく香りで勝負。
呑み手をそそる卵焼き

東南アジア産（おそらくベトナム）小皿

じゃこと梅三つ葉の卵焼き

材料(2人分)

卵……3個
じゃこ（またはしらす干し）……30g
梅干し……1個
三つ葉……1/3袋
サラダ油……適量

作り方

一　梅干しは種を除いて包丁で粗くたたく。三つ葉はざく切りにする。

二　卵は溶きほぐし、じゃこ、（一）を混ぜる。

三　玉子焼き器に油を薄く敷き、（二）を流し入れて卵焼きを作る。

🌼 調味料は加えず、じゃこと梅干しの塩気で味つけします。

ざくざくした衣の食感と
まろやかな卵が好相性

色絵蝶形豆皿 高橋芳宣作

たけのこの あられ揚げ

材料（2人分）

たけのこ（水煮）……200g

揚げ油……適量

ゆで卵（半熟／みじん切り）……適量

かつお節……適量

塩昆布……適量

A
| 白出汁……大さじ1
| 醤油……大さじ1
| みりん……大さじ1
| 砂糖……小さじ1
| 水……200mℓ

衣
| 小麦粉……適量
| 塩……少々
| 溶き卵……適量
| 塩せんべい（粗く砕く）……適量

作り方

一　たけのこはくし形に切る。鍋に【A】を煮立ててたけのこを加え、煮汁がなくなるまで煮る。

二　フライの要領で【衣】を小麦粉、塩、溶き卵、塩せんべいの順につけ、170℃の揚げ油でカラリと揚げる。

三　器に盛り、ゆで卵、かつお節、塩昆布をのせる。

 お店でも人気の一皿です。温泉卵をのせて、とろりと黄身をくずしながら食べるのも美味しいですよ。

材料(2人分)

厚揚げ（絹ごしタイプ）……1枚
長ねぎ……1/2本
かつお節……6g
醤油……小さじ1
おろし生姜……少々

作り方

一　厚揚げは半分に切って、白い部分に切り込みを入れる。

二　長ねぎは小口切りにしてかつお節、醤油と混ぜ合わせる。

二　厚揚げの切り口に（二）を詰める。オーブントースターで軽く焦げめがつくまでこんがり焼く。

四　器に盛り、おろし生姜を添える。

 かつお節はねぎの水分と醤油でカサがなくなるので、たっぷり使ってください。

京焼 白磁楕円皿／金継ぎ：大川薫

焼き厚揚げ
おかかねぎ入り

熱々でも冷めても美味しい
日本酒を呼ぶ味

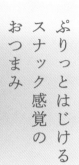

ソーセージ
春巻き

ぷりっとはじける
スナック感覚の
おつまみ

有田（深川青磁）青磁すみきり角小皿

材料(作りやすい分量)

ソーセージ（ロング）……2本
春巻きの皮……2枚
サラダ油……適量
粒マスタード……適量

作り方

一　ソーセージは春巻きの皮で包む。
二　フライパンに油を多めにひき、
　　（一）をキツネ色になるまで転が
　　しながら焼く。
三　器に盛り、粒マスタードを添え
　　る。

たっぷりの油で揚げると色よく仕上がりますが、1～2本作るなら多めの油で手軽に焼くだけで
OK。紙で包んで、手で頬張るのがおすすめです。

材料(2人分)

豚薄切り肉（ロースまたは豚肩ロース）
　　……150g
きゅうり……1本
トマト……1個
赤唐辛子……1/2本

スタミナドレッシング
　酢……大さじ4
　醤油……大さじ2
　白炒り胡麻……大さじ2
　砂糖……大さじ1
　胡麻油……小さじ2
　にんにく（おろす）……1片分

作り方

一　豚肉は熱湯でゆでて細切りにする。

二　きゅうりとトマトは太めの千切りに、唐辛子は粗みじん切りにする。

三　（一）、（二）に【スタミナドレッシング】を加えて混ぜる。30分ほどおくと美味しい。

 酢をたっぷり使ったドレッシングなので、多めに作っても冷蔵庫で数日は持ちます。豚肉とにんにくを合わせると、疲労回復に役立つビタミンB群の吸収率が高まります。

京焼 梔子色（くちなし）湯呑み

豚ときゅうりとトマトのスタミナサラダ

暑い日に食べたくなる
すっぱ辛い肉サラダ

たっぷりの大根おろしで
舌も胃も喜ぶ

ゆで豚の
おろしポン酢がけ

有田（深川青磁）青磁輪花形小皿

材料(2人分)

豚肩ロース肉（しゃぶしゃぶ用）
　……200g

おろしポン酢
　大根おろし……100㎖
　玉ねぎ……1/4 個
　おろし生姜……大さじ 1/2
　醤油……大さじ 2
　酢……大さじ 1
　白出汁……小さじ 1
　みりん……小さじ 1

薬味（針生姜、細ねぎの小口切り）

作り方

一　豚肉は熱湯でゆでて冷水にとり、
　　水気をきって器に盛る。

二　【おろしポン酢】の玉ねぎはみじ
　　ん切りにする。すべて混ぜ合わせ
　　て（一）にかけ、薬味を散らす。

❀ 今回は普通の大根おろしで作りましたが、鬼おろしで作っても。鬼おろしはざくざくとした食感
が楽しめ、水っぽくならないのでおつまみ向きです。ちなみに大根おろしをつゆに入れるときは、
軽く水気を絞って使いましょう。

58

材料（2人分）

絹ごし豆腐……1/2丁（150g）
長ねぎ……1本
天かす（揚げ玉）……大さじ2
黒七味……適量

A

｜水……200㎖
｜白出汁……大さじ1
｜醤油……大さじ1
｜酒……大さじ1

作り方

一　豆腐はひと口大に、長ねぎは斜め切りにする。

二　鍋に【A】を合わせて火にかけ、煮立ったら（一）を入れて煮る。

三　豆腐が温まったら煮汁ごと器に盛り、天かすを加える。黒七味を添える。

阿漕焼はまつの地元・三重県の津市にある小さい窯。阿漕は関西弁の「そんなアコギな〜」の由来です。狸豆皿は骨董屋で、オマケで貰った昭和期の雑器です。つまみにはこんな洒落を効かせるのがいい感じ。

阿漕焼（あこぎ） 色絵小鉢／狸豆皿

狸豆腐

温かい
湯気の香りで
ほっこり呑める

まぐろで作る「ねぎま鍋」を
かじきでアレンジ

ねぎま鍋ならぬ "ねぎめ鍋"

色絵千鳥文向付 明治期／黒漆継ぎ：伊東ひろ子

材料（2人分）

めかじき（切り身）……1切れ（200g）

長ねぎ（下仁田など太いねぎ）
　……1本

好みで黒七味……少々

煮汁
　　水……200mℓ
　　醤油……大さじ2
　　酒……大さじ2
　　みりん……大さじ1
　　砂糖……小さじ1/2
　　塩……ひとつまみ

作り方

一　めかじきは3cm角に切り、長ねぎ
　　は3cm長さの筒切りにする。

二　小鍋にめかじきを入れ、長ねぎを
　　縦に立てて並べる。【煮汁】を注
　　いで火にかけ、長ねぎに火が通っ
　　たら器に盛る。

三　好みで黒七味をふる。

 これはぜひ、かじきに脂がのって、長ねぎが甘くなる冬に作ってください。ねぎを立てて並べて
煮ると煮汁がよく回り、器に立てて盛れば見た目もかわいい。

材料（2人分）

あさり（むき身）……10粒
粉山椒……少々

煮汁

| 醤油……大さじ1
| 酒……大さじ1
| 水……大さじ1
| みりん……小さじ1
| 白出汁……小さじ1

作り方

一　小鍋に【煮汁】を合わせ、強火に
　　かける。

二　煮立ったらあさりを加え、再び煮
　　立ったら中火にする。3分煮て火
　　を止める。そのまましっかり冷め
　　るまでおいて、味を含ませる。

三　汁気をきり、串に刺す。粉山椒を
　　添える。

プリント海老文小皿 大正期

あさりの
串焼き風

煮あさりを串に刺せば
杯を片手に食べやすい

のどぐろの
自家製燻製

自宅で作る
簡単スモーク。
チーズや小あじ、
ししゃもで作っても

プリント魚文長皿／18才で1人暮らしを始めてすぐに買った思い出のある皿

材料（作りやすい分量）

のどぐろ……小2尾
スモーク用チップ（桜）……20g
好みの柑橘……少々

A
┃ 醤油……大さじ1
┃ 酒……大さじ3
┃ 白出汁……小さじ2

作り方

一　のどぐろは【A】をふり、1時間
　　ほどおく。

二　フライパンにアルミホイルを敷
　　き、桜チップを入れて網をのせ、
　　のどぐろを並べる。

三　ふたをして弱火で10分、燻す。
　　好みで柑橘を添える。

 燻製を作るときは、古いフライパンや中華鍋など、やや深めで厚手の空焚きに耐えるものを使っ
てください。燻す前にタレをまぶすと、下味がつくと同時に余分な水分が出て旨みが凝縮します。

材料（2人分）

生ざけ……1切れ

酒……大さじ1

塩……少々

唐辛子味噌（P117参照）……適量

作り方

一　さけは耐熱容器に入れ、塩と酒を
　　ふる。

二　ラップをかけ、電子レンジで6分
　　加熱する。

三　半分に切り、唐辛子味噌をのせ
　　る。

 唐辛子味噌の代わりに、山椒塩や、ゆかり塩などをかけても美味しいです。

染付 寿老人文小皿 明治期　金継ぎ：大川薫

生ざけの
レンジ酒蒸し

小さなおかずはレンジで
さっと加熱がお手軽

牛肉の湯ぶり　胡麻たれ添え

胡麻の香りが食欲をそそるあっさりした牛しゃぶ

右から、金彩色絵向付 大正期、金彩プリント木瓜形豆皿

材料（2人分）

牛薄切り肉……200g
春菊……1/2 束

A
水……800㎖
白出汁……小さじ2
醤油……少々

胡麻たれ
白炒り胡麻……大さじ3
酢……大さじ3
醤油……大さじ2
みりん……大さじ1

作り方

一　牛肉は大きめに切る。

二　鍋に【A】を入れて火にかけ、煮立ったら弱火にし、牛肉をしゃぶしゃぶする。赤身が少し残るくらいまで火を通し、汁気をきる。

三　春菊は熱湯をかけてさっと湯通しする。水気を絞り、食べやすい長さに切る。

四　（二）、（三）を器に盛り、【胡麻たれ】を添える。

 胡麻たれに使う炒り胡麻は、粗くすって加えるとより香りが立って美味しいです。

いいお肉を
薬味で上品に
これぞ
大人の贅沢

手前、色絵蝶文皿／金継ぎ：伊東ひろ子。奥左から、奉書形豆皿、染付 角形豆皿 2 種 ともに江戸後期

ご褒美牛ステーキ

材料(2人分)

和牛ステーキ肉（脂少なめ）
　　……2cm厚さ×1〜2枚
おいしい塩…少々
好みの油…少々

好みの薬味（生胡椒の塩漬け、
　　練りわさび、大粒マスタードなど）

作り方

一　肉は冷蔵庫から出し、常温にもどす。すじ切りが必要なら包丁を入れる。焼く10分前に30cm上から塩をまんべんなくふる。

二　フライパンに油を熱し、好みの加減まで焼く。

三　ひと口大に切って器に盛り、薬味を添える。

 肉を焼くときの目安は、2cm厚さの肉なら強火で表10秒・裏10秒・側面10秒を2回くり返してレア。4回でミディアムな焼き加減に。金串を刺して、温かければOKです。

▲自宅の庭の山椒の木。春になるとせっせと葉や花、実をつんで保存食を作ります。

mame_column ❷

時間をかけずに、日々豆小皿

　もっと優先順位の高いことがあるからと、毎日の食事をおろそかにしていませんか。2〜3日はいいけれど、それが続くと必ず体調をくずします。仕事も完成度が低く、遊びも半端になりかねません。苦もなく日々のご飯が用意できるようになったらいいですよね。と言っている私達も、夫婦2人だけだとすごく簡単で、調理時間はかなり短いんです。唐辛子味噌やにんにく味噌、梅たれに、にんにくやらっきょうの黒酢漬け、グリーンソースなど「おかずの素」や「ソース」を作っておけば、和えるだけであっという間に豆小皿が一品でき上がります。野菜なら生でもゆでても炒めても、自家製ソースを混ぜればあれこれ入れなくても大丈夫。

　豆小皿料理は基本、薄味で仕上げます。生姜や唐辛子、山椒など、薬味を使って風味で勝負。酸味をきりっと効かせると、塩を足すより劇的に味が変化します。味噌や豆板醤なども、塩を入れるより塩分が低くなり、簡単に味に深みが増します。薄味でも酒の肴になるということ、ぜひ知っていただきたいですね。

切るだけ

↓

サラダ・お浸し

↓

お魚

↓

お肉

↓

煮物

↓

お椀

↓

ご飯

↓

デザート

mame_column ③

おもてなしの心得

食べる人によって塩と砂糖の分量を変えています。美味しいものって、相手次第。好みや年齢、体調、その日の行動によって感じる味が違います。歯の悪いお年寄りに硬いものを出しても困るだけ、菜食主義、宗教、アレルギー…、食べられないものを出してもおもてなしになりません。お友達をお呼びするときは、食べられないものを、事前に聞いておいた方がいいですね。

まずは、思いついたメニューをメモすること。食べる順に書きだすと自然とコース料理ができます。一番のおもてなしはおしゃべり。私も一緒に食べたい、呑みたい、しゃべりたい。だから、サッとできるもの、冷めていても大丈夫なものをテーブルにあらかじめ用意しておきます。

献立の組み方は、最初にすぐつまめるもの、切っただけの前菜豆小皿。野菜を最初に食べるとダイエットになるから、お浸しやサラダも最初の方に。たいてい和えるだけです。そして魚、お刺身を買ってきてツマや薬味はいっぱい用意して、作り置きのソースでおしゃれに仕上げます。お肉、これだけは台所か卓上で5分加熱。こちらも調理に時間はかけません。

煮物は作り置きで。腕物はどこで出しても、なくてもOK。お酒を飲まない人なら早め、呑む人なら杯休めくらいで。ご飯はご年配なら少し、呑む人はいらないかも。若い人ならがっつり！デザートはお酒を呑む人でも出します。気分が落ち着きますから。

山椒好きのための鴨料理。
ソースも薬味も山椒三昧

手前から、織部 輪花形小皿、織部豆皿3種

合鴨の山椒オイルソースがけ

材料（2人分）

合鴨むね肉……1枚
塩……少々

煮汁
　りんごジュース……200㎖
　酒……200㎖
　蜂蜜……大さじ2
　醤油……大さじ1
　塩……少々

山椒オイルソース
　実山椒の醤油煮（市販品）
　　……大さじ1
　サラダ油……大さじ1
　醤油……大さじ1

薬味（白髪ねぎ、細ねぎの小口切り、
　粉山椒、木の芽、山椒の若芽の佃煮）

作り方

一　鴨肉は皮めに縦の切れめを入れ、塩をすりこむ。フライパンは油を敷かず、強火で熱して皮めを軽く焼く。

二　鍋に【煮汁】を合わせて火にかけ、沸騰したらすぐ弱火にする。鴨肉を加え、沸騰させないように弱火で15分煮る。煮汁に入れたまま、常温で半日休ませる。

三　鴨肉は取り出し、薄切りにする。煮汁は半量になるまで煮詰める。

四　白髪ねぎと細ねぎは混ぜ、鴨肉とともに器に盛り、（三）の煮汁をかける。【山椒オイルソース】を混ぜ合わせ、肉の裾にかける。

五　粉山椒、木の芽、山椒の若芽の佃煮を添える。

 鴨を煮るときは硬くなるので火を強く入れないこと。絶対に沸騰させず、手は入れられないけど、ふつふつしないぐらいが目安です。やはり硬くなるので、冷蔵庫で冷やさないように。

小さな川魚の女王は
春から初夏までの贅

手前から、
織部 脚付き楕円皿 まつ作、
黄瀬戸 面取りぐい呑

稚鮎の焼き浸し

材料(作りやすい分量)

稚鮎……12尾

A
| 酢……大さじ2
| 醤油……大さじ2
| 白出汁……大さじ1
| 酒……大さじ1
| みりん……大さじ1
| 砂糖……大さじ1
| 水……150㎖

薬味（木の芽、たでの葉など）

作り方

一　稚鮎は魚焼きグリルか網で焼く。

二　【A】に浸し、30分ほどおく。薬味を飾る。

稚鮎の代わりに片口いわしや豆あじなど、小さい魚で焼き浸しを作ってもいいですね。

舌にのせればとろりとした
昆布の質感と広がる滋味

焼締脚付き皿 寺島千代子作／金継ぎ：大川薫

豆腐のおぼろ昆布締め

材料(2人分)

木綿豆腐……1丁（300g）
おぼろ昆布……適量

トッピング（紅たで芽）

作り方

一　豆腐は3時間ほど重石をして、しっかり水気をきる。8等分に切る。

二　おぼろ昆布で豆腐をひと切れずつ包み、冷蔵庫に半日おく。

三　半分に切って、断面が市松模様になるよう器に盛る。紅たで芽を飾る。

昆布締めというと板昆布をイメージしますが、実はおぼろ昆布もいい味を出してくれるものです。昆布自体、一緒に食べられるのも嬉しいですね。

材料（2人分）

鯛（刺身用 / さく）……1 さく
昆布……鯛の長さ×2枚
塩……適量
醤油……適量

つま（大根、青じそ、紅たで芽、
　　穂じそなど）

作り方

一　鯛はしっかりと塩をふり、しばら
　　くおく。水が出てきたら洗い流
　　し、ペーパータオルで水気をふ
　　く。

二　昆布2枚で（一）を挟み、きっ
　　ちりラップを巻く。冷蔵庫に半日
　　おく。

三　そぎ切りにして、つまとともに器
　　に盛り、醤油を添える。

 昆布は出汁昆布でも利尻、礼文、なんでも OK。昆布締めはラップをしっかり巻いて冷蔵庫の
チルドに入れれば、4〜5日はいけます。旨味が増し、よくよく漬かったのもいいもんです。

絵織部 アーキュエイト形向付 まつ作

簡単な
鯛の昆布締め

昆布でちょいと挟むだけ。
日持ちするし、旨味が増す

とんぶりの キャビア風

本当にキャビアみたいな味になるので、お試しあれ

2枚とも、総織部 脚付き角皿 寺島千代子作

材料（作りやすい分量）

とんぶり……70g

イカスミペースト……8g

チコリ、ゆで卵のピクルス、
　ご飯など……各適量

作り方

一　とんぶりはイカスミペーストに漬
　　け、冷蔵庫にひと晩おく。

二　好みの野菜、ゆで卵、熱々のご飯
　　などにのせる。

とんぶりとはホウキギという食物の実のことで、ぶりこ（ハタハタの卵）に似ていることから名がついたという説も。秋田が名産で、かつては生薬にも使われていたそうです。

風の力で磯の香りと
旨みを閉じ込めて

左から、美濃 豆片口皿、万古 盛絵唐子猪口 山田東華作

牡蠣の風干し

材料（2人分）

牡蠣（加熱用）……6個

A
  酒……50mℓ
  醤油……50mℓ
  水……50mℓ
  みりん……小さじ2

作り方

一　牡蠣は生の場合は熱湯でさっとゆで、冷凍の場合は熱湯をかけてさっと湯通しする。

二　【A】に牡蠣を浸し、冷蔵庫で2時間ほどおく。

三　汁気をきってザルなどに並べ、風通しのよいところで3時間ほど干す。

 牡蠣の身が太り、空気の乾燥する冬場に作ってください。風干しは直射日光のあたらない、陰干しで。表面がすっかり乾いたら出来上がりです。

材料(2人分)

乾燥野菜（ごぼう、小松菜、にんじん、
　れんこんなど）……合わせて50g

白炒り胡麻……少々

A
| 水……300mℓ
| 白出汁……大さじ1
| 醤油……小さじ2
| 塩……少々

作り方

一　【A】はお吸い物よりやや濃いめ
　　の塩加減にする。

二　乾燥野菜を加えて浸し、半日おい
　　てもどす。

三　器に盛り、胡麻をふる。

かつお節やおろし生姜をのせても美味しい。卵焼きに加えたり、鶏肉やちくわなどと一緒にさっ
と煮たりして、温かいおかずにしてもいいですね。

絵唐津 草花文向付

乾燥野菜の
お浸し

便利な乾燥野菜

常に常備しておきたい

三章 作り置き常備菜

――常備菜から、
ソース・おかずの素まで――

作り置き常備菜

サラダ感覚で毎日手軽に野菜を補給できます

染付角皿 江戸期、リキュールグラス

カラフル野菜のピクルス

材料(作りやすい分量)

かぶ……小2個
赤、黄パプリカ……各1/2個
人参……1/2本
きゅうり……1本
セロリ……1本
ピーマン……2個

基本のピクルス液
　　酢……300㎖
　　EV オリーブオイル……150㎖
　　砂糖……150g
　　にんにく……1片
　　塩……小さじ1
　　黒胡椒(粗挽き)……小さじ1
　　黒胡椒(粒)……6粒
　　ピンクペッパー……10粒
　　シナモン(スティック)……1本
　　ローリエ……2枚
　　クローブ(ホール)……3粒
　　柑橘の皮(レモンなど)
　　　　……1cm角×3枚

作り方

一　野菜はひと口大に切る。熱湯をかけてさっと湯通しし、水気をしっかりきる。清潔な保存容器に詰める。

二　【基本のピクルス液】は琺瑯かステンレスの鍋でひと煮立ちさせる。

三　ピクルス液が熱いうちに(一)に注ぐ。2週間ほど漬ける。

日持ち：冷暗所で約1ヶ月

 漬けてから3日目ぐらいからおいしくなります。野菜は全部揃わなくても大丈夫。この基本のピクルス液で、600 〜 650g ぐらいの野菜を漬けています。

きのこのピクルス クミン風味

食物繊維たっぷりの
ピクルスで腸も元気に

伊万里 染付 蛸唐草文小皿 江戸期／金継ぎ：伊東ひろ子

材料(作りやすい分量)

しめじ……1袋（約200g）
白舞茸……1袋（約200g）
舞茸……1袋（約200g）

基本のピクルス液（P81 参照）
　……1回分
クミン（ホール）……10粒

作り方

一　きのこは小房に分ける。熱湯をか
　　けてさっと湯通しし、水気をしっ
　　かりきる。清潔な保存容器に詰め
　　る。

二　【基本のピクルス液】から柑橘の
　　皮を外し、代わりにクミンを加え
　　る。琺瑯（ほうろう）かステンレスの鍋でひと
　　煮立ちさせる。

三　ピクルス液が熱いうちに（一）に
　　注ぐ。2週間ほど漬ける。
　　※器に盛るとき、セルフィーユを
　　飾っても。

日持ち：冷暗所で約1ヶ月

 すぐにでも食べられますが、2週間ぐらい漬けると酢の具合がマイルドに、いい感じになって
きます。

材料(作りやすい分量)

卵……6個
ズッキーニ……小1本
ミニトマト……10個

基本のピクルス液（P81 参照）
　　……1回分
五香粉（ウーシャンフェン）……大さじ1

作り方

一　ゆで卵を作る。卵は沸騰した湯に入れて7分ゆで、水にとって殻をむく。ズッキーニは6mm厚さの輪切りにする。ミニトマトとともに清潔な保存容器に詰める。

二　【基本のピクルス液】から柑橘の皮を外し、代わりに五香粉を加える。琺瑯（ほうろう）かステンレスの鍋でひと煮立ちさせる。

三　ピクルス液が熱いうちに（一）に注ぐ。2週間ほど漬ける。

日持ち：冷暗所で約1ヶ月

 すぐに食べられますが、こちらも漬けて2週間目ぐらいからが美味しいです。

有田 染付 菊水文船形小鉢

ゆで卵の
五香粉ピクルス

ほんのり
オリエンタルな
中華風ピクルス

材料（作りやすい分量）

ほたて貝柱（刺身用）……6個

酒粕……大さじ2

塩麹……大さじ1

練りわさび……少々

薬味（紅たで芽、青じそ）

作り方

一　酒粕、塩麹、わさびを混ぜる。

二　ほたては90℃の湯をかけて湯通
　　しし、冷水にとって水気をふく。

三　ほたてに（一）を塗り、冷蔵庫で
　　30分以上漬ける。

四　酒粕をぬぐい取り、2等分〜4等
　　分に切る。好みの薬味を添える。

日持ち：漬けた状態で、冷蔵庫で約1週間

 切り身魚を漬けることの多い酒粕漬けですが、ほたて貝やたいら貝など身の厚い貝を漬けても
美味しいです。

染付 山水文小皿 江戸後期、瑠璃釉汁次 寺島千代子作、織部 猪口

ほたての酒粕漬け

しみじみ美味しい
貝の滋味と麹の余韻

豆腐の酒粕味噌漬け

江戸っ子好みの粋でいなせな漬け豆腐

有田 染付 松文小皿

材料（作りやすい分量）

木綿豆腐……1丁（300g）
酒粕……200g
水……50ml
味噌……30g

薬味（芽ねぎ）

作り方

一　酒粕は分量の水をかけ、ひと晩おいて柔らかくする。

二　豆腐は3時間ほど重石をして、しっかり水気をきる。

三　（一）に味噌を混ぜ、豆腐の全面に塗る。ガーゼか不織布のペーパータオルで包んで保存容器に入れ、冷蔵庫で3日以上漬ける。

四　酒粕味噌をぬぐい取り、8等分に切る。好みの薬味を添える。

日持ち：冷蔵庫で約10日

 残った酒粕味噌は、白身魚や生ざけなどの切り身、ゆで卵を漬けても美味しいですよ。

毎日触わるぬか床は、
漬けるほどに愛おしくなる

鈞窯釉小鉢　寺島千代子作

半熟卵と新玉ねぎのぬか漬け

材料(作りやすい分量)

卵……適量
新玉ねぎ……適量
オクラ……適量
みょうが……適量
ぬか床……適量
塩……適量

作り方

一　ゆで卵を作る。卵は沸騰した湯に入れて6分ゆで、水にとって殻をむく。

二　新玉ねぎは半分に切る。オクラとみょうがは塩ずりする。

三　ぬか床に(一)、(二)を入れて漬ける。春秋はおよそ10時間、夏はおよそ6時間、冬はおよそ15時間。

> 日持ち：ぬか菌は常温で発酵するため、常温に置く。1日に1度は手で30回くらいかき回し、週1くらいで新しいぬかと塩を足せば何年でも持つ。塩が足りないと腐るので注意。泊まりがけの外出の際は冷蔵庫に入れて休眠させる。

 我が家では玄米を五分搗きにしたときの生ぬかを使っています。唐辛子、実山椒、生姜、昆布、煮干し、超辛口塩鮭を焼かずに加えます。漬ける素材はなんでもトライ！漬け過ぎより浅漬けの方がサラダ感覚でいいと思います。夏は3時間で出すことも。それでも生野菜とは全然違います。

漬け床にもなるし、
和え衣にもなる
生姜風味の蜂蜜味噌

染付 舟形向付 大正期

鶏ささ身と
いちじくの
蜂蜜味噌漬け

材料(作りやすい分量)

鶏ささ身……5本
いちじく……2個

蜂蜜味噌
　味噌……30g（大さじ2弱）
　蜂蜜……15g（大さじ1弱）
　酒……大さじ1
　おろし生姜……小さじ1

薬味（木の芽、柑橘の皮など）

作り方

一　【蜂蜜味噌】は混ぜ合わせる。2/3
　　量をラップに敷き、ささ身をのせ
　　て包む。冷蔵庫で1日漬ける。

二　【蜂蜜味噌】をぬぐい取り、トー
　　スターで約7分焼く。半分に切っ
　　て器に盛る。

三　いちじくは皮をむいて縦4等分
　　に切る。残りの【味噌蜂蜜】で和
　　え、（二）に添える。薬味を飾る。

口持ち：漬けた状態で、冷蔵庫で約3日

90

材料（作りやすい分量）

ドライフルーツ（あんず、オレンジなど）
　　……合わせて100g

蜂蜜……適量

好みのチーズ……適量

作り方

一　ドライフルーツは大きいものは切
　　り、保存容器に入れる。

二　蜂蜜をひたひたになるまで注ぎ、
　　30分以上漬ける。

三　チーズは食べやすい大きさに切
　　り、（二）とともに器に盛る。

日持ち：常温で約1年

 生姜やザボンなど、市販の砂糖漬けを加えても美味しい。

染付 日月文向付 大正期

ドライフルーツの
蜂蜜漬けとチーズ

ワインのおつまみに
さっと出せて重宝する

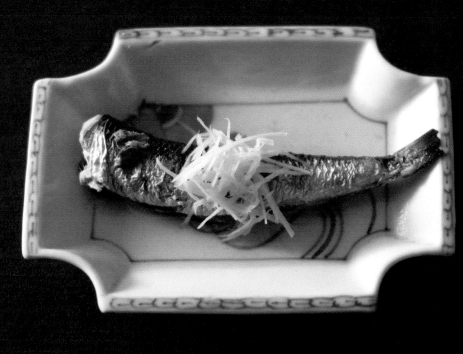

焼きいわしの梅マリネ

クラシックな器も映える
きりりと粋な梅マリネ

染付 蓮文向付 大正期

材料（作りやすい分量）

いわし……10cm長さ×10尾

マリネ液
　　梅干し……1個
　　酢……150mℓ
　　醤油……大さじ1
　　砂糖……大さじ2
　　塩……小さじ1

薬味（針生姜）

作り方

一　【マリネ液】の梅干しは種を除いて粗みじん切りにする。【マリネ液】はよく混ぜる。

二　いわしは頭を切り落として内臓を抜き、魚焼きグリルか焼き網でこんがり焼く。

三　（一）に（二）を入れ、常温で30分ほど漬ける。

四　器に盛り、針生姜をのせる。

日持ち：冷蔵庫で約2週間

　南蛮漬けも美味しいですが、油を使わなくても美味でヘルシーな焼きマリネも作ってみてください。酢をたくさん入れたので日持ちします。ひたひたまでマリネ液を入れ、冷蔵庫で保存して。

材料（作りやすい分量）

谷中生姜……20 本

甘酢

　酢……200㎖
　砂糖……大さじ 2
　塩……小さじ 1

作り方

一　谷中生姜は茎を手で持って根の部分を熱湯の中でふり洗いする。水気をよくきり、薄皮がついていたらザッと取り除く。容器に入る長さに、青い茎の部分を切り落とす。

二　清潔な保存容器に【甘酢】を入れてよく混ぜる。（一）を入れ、常温で 10 日以上漬ける。
　※食べるとき、好みで味噌を添える。

日持ち：常温で約 3 ヶ月、冷蔵庫で約 1 年

谷中生姜（葉生姜）の旬は 6 ～ 8 月。我が家ではたくさん漬けて、翌年の初夏に出回るまで 1 年かけて食べ続けています。

手前から、印判 大根と蕪文小皿 大正期、備前 ぐい呑

谷中生姜の甘酢漬け

夏の香りを閉じ込めて一年中楽しんで

うどの酢醤油漬け

アク抜き不要の山菜は
手間なし豆小皿に大活躍

染付 草花文小鉢 江戸期／金継ぎ：伊東ひろ子

材料（作りやすい分量）

うど……2本（約250g）

酢水
| 水……500㎖
| 酢……大さじ2

漬け汁
| 醤油……50㎖
| 酢……25㎖
| みりん……25㎖
| 白炒り胡麻……少々

作り方

一　【漬け汁】は鍋に合わせ、ひと煮
　　立ちさせる。保存容器に入れ、粗
　　熱をとる。

二　うどは皮をむく。穂先は切り落と
　　し、残りは4㎜厚さの短冊切りに
　　する。穂先とともに【酢水】に浸
　　し、水気をきる。

三　（一）に（二）を入れ、常温で30
　　分以上漬ける。

日持ち：冷蔵庫で約1ヶ月

 うどは漬けると水が出てくるので、早めに食べきってください。また、長くおくと、醤油味が濃
くなってしまいます。

アニス香る 切り干し大根マリネ

地味な切り干し大根も
香りの力で酒肴に昇格

染付 筋文猪口 大正期／金継ぎ：伊東ひろ子

材料（作りやすい分量）

切り干し大根……30g

A
- 酢……100㎖
- 砂糖……大さじ1
- 塩……小さじ1
- アニス（ホール）……1/2個

作り方

一　切り干し大根は熱湯をかけてさっと湯通しし、水気を絞る。

二　保存容器に【A】を入れてよく混ぜる。（一）を入れ、常温で30分以上漬ける。

日持ち：冷蔵庫で約1ヶ月

材料（作りやすい分量）

好みの根菜（れんこん、にんじん、
ごぼうなど）……合わせて 1kg
鶏もも肉……1 枚
厚揚げ……1 枚
こんにゃく（アク抜き済み）
　……小 1 枚
サラダ油……少々

煮汁
　　かつお昆布出汁の素（顆粒）
　　　……5g
　　水……適量
　　酒……100㎖
　　砂糖……小さじ 1
　　醤油……大さじ 1 〜 2
　　みりん……大さじ 1

作り方

一　具はすべてひと口大のぶつ切りに
　　する。

二　鍋に油を薄く敷いて熱し、鶏肉
　　を炒める。色が変わったら残り
　　の（一）を加えて炒める。かつお
　　昆布出汁、水をひたひたまで加え
　　る。

三　煮立ったらやや火を弱め、酒、砂
　　糖の順に加える。醤油を 2 回に
　　分けて加え、最後にみりんを加え
　　る。菜箸でかき混ぜながら、煮汁
　　が半分以下になるまで煮る。

※食べるときに、好みでゆでた絹
　さやを飾る。

日持ち：冷蔵庫で約 1 週間

 具は好みの根菜や冷蔵庫にあるものなど、なんでも大丈夫です。里芋、高野豆腐などを使っても
いいでしょう。小鍋 1 杯分ほどたっぷり使って作ってください。

染付 なずな唐草文小鉢

ほっとくつろぐ晩酌を
ときには素朴な煮物で

なんでも
筑前煮

いろいろな具を漬け、
毎日1種つまむ愉しみ

染付豆皿 手前から大正期、明治期、現代、江戸期

なんでも南蛮漬け

材料（作りやすい分量）

具（しし唐辛子、なす、赤パプリカ、
　　砂肝）……合わせて 300g
薄力粉……大さじ 2
揚げ油……適量

南蛮漬け汁
　水……200㎖
　酢……80㎖
　醤油……80㎖
　砂糖……大さじ 3
　かつお昆布出汁（顆粒）
　　……大さじ 2
　赤唐辛子……1 本

作り方

一　【南蛮漬け汁】の唐辛子は種を除
　　いて粗く刻む。すべてを鍋に合わ
　　せ、ひと煮立ちさせる。

二　砂肝は白い部分を取り、4 等分に
　　切る。しし唐は楊枝で 3 ～ 4 ヶ
　　所穴を開け、その他の野菜は食べ
　　やすい大きさに切る。

三　ポリ袋に薄力粉を入れ、（二）を
　　加えてふり、粉を薄くまぶす。
　　170℃の揚げ油で揚げる。

四　油をきり、（一）に 30 分以上漬
　　ける。

日持ち：冷蔵庫で約 1 週間

揚げて油をきったらすぐ、具が熱い内に漬け込んでください。先に漬け汁を用意して、揚げ立て
の具をどんどん漬け込みます。砂肝の白い部分は、気にならなければ取らなくても大丈夫です。

材料（作りやすい分量）

鶏レバー……300g
実山椒の醤油煮（市販品）
　　……大さじ2

煮汁
　かつお昆布出汁（顆粒）……3g
　水……100㎖
　酒……100㎖
　醤油……70㎖
　みりん……50㎖
　砂糖……大さじ3

作り方

一　レバーは黄色い脂と血を取り除
　　く。沸騰した湯に入れ、再び沸騰
　　したらザルにとって冷水で洗う。
二　鍋に【煮汁】を合わせて強火にか
　　け、煮立ったらレバーを入れる。
　　再び沸騰したら落としぶたをして
　　中火にし、煮汁が約3分の1量
　　になるまで15分ほど煮る。
三　火を止め、実山椒を加える。

日持ち：冷蔵庫で約3日

染付 山水文小皿 明治期／金継ぎ：大川薫

鶏レバーの山椒煮

爽やかな実山椒で
レバーの余韻を軽やかに

ビーツとドライナッツのきんぴら

鮮やかな赤が食欲をそそる

染付 蛸唐草文二寸 膾皿 江戸期／金継ぎ：伊東ひろ子

材料（作りやすい分量）

ビーツ……小1個（約200g）
好みのナッツ……大さじ3
※アーモンド、胡桃、カシューナッツなど
サラダ油……大さじ1

A
| 酒……大さじ2
| 水……大さじ2
| みりん……小さじ2
| コンソメスープの素（顆粒）
|　　……小さじ1

作り方

一　ビーツは皮つきのまま、水から20分ほどゆでる。スプーンでこそげるように皮をむき、細切りにする。

二　ナッツは粗みじん切りにする。

三　フライパンに油を熱し、ビーツを炒める。しんなりしたらナッツを加えてざっと炒める。【A】を加え、汁気が無くなるまで炒める。

日持ち：冷蔵庫で約3日

 ボルシチなどロシア料理に使われるビーツ。鮮やかな赤の色素成分は、ベタシアニンというポリフェノールの一種で、免疫力アップやアンチエイジングに役立つそうです。

材料(2人分)

鶏手羽中……6個

煮汁
| 水……150㎖
| 酢……100㎖
| 酒……大さじ2
| 醤油……大さじ2
| 黒酢……大さじ1
| 砂糖……大さじ1/2

作り方

一　鍋に【煮汁】を合わせて強火にかけ、煮立ったら鶏肉を入れる。再び沸騰したら落としぶたをして中〜弱火にする。

二　ふつふつするくらいの火加減で30分ほど煮る。

※食べるときに、スプラウトを飾る。

日持ち：冷蔵庫で約2週間

 たくさん作る場合、肉を倍量にした場合は煮汁も倍量に、そして少し長めに煮てください。長く煮ると肉離れがよく、ホロホロと食べられるので、煮過ぎても大丈夫です。

染付 山水文小皿 江戸後期

鶏手羽中の黒酢煮

お酢の力で柔らかく
日持ちもする一品に

しらすと
万願寺唐辛子の
炒め煮

シンプルに美味しい
夏の盛りのおつまみです

益子 若手作家の小皿

材料(2人分)

万願寺唐辛子……10本
しらす干し……大さじ5
かつお節……大さじ5
サラダ油……少々
酒……大さじ1
醤油……小さじ2

作り方

一　万願寺唐辛子は種をつけたまま1cm長さの輪切りにする。

二　フライパンに油を熱し、(一)を強火で炒める。しらす干しを加えてさらに炒め、酒と醤油で調味する。

三　火を止めて、かつお節を混ぜる。

mame_column

豆小皿テーブルセッティング

　たいていの方は右利きですから、箸は一番近いところ、よく使う醤油皿や取り皿は手前右に置きます。汁ものは取りにくいから近くに。大きく切ってあって取りやすいものは奥の方へ。食事の後半で食べるものも奥。楽に食べられることを考えれば、セッティングはすぐ決定！

　盛りつけは、立体的に。たくさん盛らない。フラットな料理なら、色を華やかに。汁ものはこぼれないように。熱い料理は熱伝導率の悪い器に注いで。なるべく食べやすい大きさに切ることも、食べ手への愛情です。

豆小皿の盛り方のコツ

山高に盛る
高く積み上げるように盛ると立体感が出るため、器が小さいながらも存在感が出せる。

盛り過ぎない
絵や文様を効果的に見せるように、余白を意識して盛る。盛り過ぎると下品な印象に。

色鮮やかに
高く盛れない食材は、反対色の器を選び、レモンなど薬味の色でアクセントを添えて。

絵柄と料理を合わせる

魚介など海のものは海・水にちなんだの文様や形の器、野菜や肉は山・野の器に盛ると、器と肴の相性が抜群。絵合わせのように楽しんで。

海
波が描かれた小皿に刺身、醤油皿は千鳥形の豆皿、焼き魚は魚文の長皿に盛る。浜辺にいる千鳥も海のモチーフ。

山
ざくろ形の豆皿にこんにゃくの竜田揚げを盛って。大根文やなずな唐草文などにも、山や畑の食材を盛りたい。

なんでもOK！
着物の文様（小紋文）など、海・山、どちらをのせても違和感のない文様もある。

ソース・おかずの素

爽やかな春の香りを
閉じ込めた和のソース

染付 芙蓉文小皿 江戸後期／黒漆継ぎ：伊東ひろ子

木の芽ソース

材料(作りやすい分量)

木の芽……20g

醤油……大さじ1

みりん……小さじ2

EV オリーブオイル……大さじ3

作り方

すべてをフードプロセッサーに入れ、なめらかになるまで攪拌する。

日持ち：常温で約1ヶ月

 川魚や白身魚のムニエルなどに合います。保存するときはソースにラップをはりつけ、さらにふたの内側にもラップをかけてふたをする“二重ラップがけ（P126参照）”をすると香りが逃げません。長期保存の場合は冷凍庫へ。

ゆで牡蠣の木の芽ソースがけ

材料(2人分)

牡蠣（加熱用）……6粒

塩……ひとつまみ

木の芽ソース……大さじ2

飾り（木の芽）

作り方

一　牡蠣は塩を加えた熱湯でさっとゆでる。

二　器に【木の芽ソース】を敷き、（一）を盛る。木の芽を飾る。

ゆでたお芋にかけるだけ。
それだけで手をかけた一皿に

金彩プリント豆皿

グリーンソース

材料（作りやすい分量）

バジルの葉……150g

松の実……20g

にんにく……2片

EV オリーブオイル……80㎖

作り方

すべてをフードプロセッサーに入れ、
なめらかになるまで攪拌する。

日持ち：常温で約6ヶ月

 イタリアンの定番ソースで、パスタ、肉、魚、野菜料理に使える万能ソース。これにチーズを加えるとジェノベーゼソースになりますが、グリーンソースで保存しておくと使うときに味の変化がつけられます。チーズの種類を変えたり、ポルチーニ茸やトマトペースト、トリュフを加えたり、使うたびにアレンジして、いろいろ楽しんでください。

じゃが芋ジェノベーゼ

材料（2人分）

じゃが芋……1個

グリーンソース……大さじ1

パルミジャーノ・レッジャーノ（粉）……大さじ1

飾り（バジルの葉）

作り方

一　じゃが芋は水洗いし、水をふかずにラップで包み、電子レンジで7〜8分加熱する。皮をむき、ひと口大に切って器に盛る。

二　【グリーンソース】にパルミジャーノ・レッジャーノを加えて混ぜ、ジェノベーゼソースにする。

三　（一）に（二）をかけ、バジルの葉を飾る。

フレッシュな香菜の
香りとナッツのコク

右から、印判 大根と蕪文小皿 大正期／染付豆皿 江戸期

香菜ペースト

材料(作りやすい分量)

香菜……150g

ピーナツ……30g

にんにく……2片

EV オリーブオイル……50mℓ

作り方

すべてをフードプロセッサーに入れ、なめらかになるまで攪拌する。

日持ち：常温で約3ヶ月

 パクチーそのもの、といったソースです。フォーなどの麺のトッピング、シンプルに焼いた鶏肉や豚肉、焼き魚のソース、サラダのドレッシングなどに使って。スイートチリソース、ナンプラーとも好相性。

香菜の生春巻き

材料(2人分)

生春巻きの皮……2枚

香菜……2株

香菜ペースト……大さじ1

ナンプラー（または醤油）……適量

作り方

一　生春巻きの皮は水でもどす。香菜をのせて空気を抜くようにしっかり巻く。

二　食べやすい大きさに切って器に盛り、【香菜ペースト】とナンプラーを添える。

ケッパーの酸味で
さっぱりした後口に

有田 染付 兎文小皿／金継ぎ：大川薫

ケッパーソース

材料(作りやすい分量)

ケッパー（酢漬け）……10g

玉ねぎ……1/4 個

ピーマン……小 1 個

にんにく……2 片

りんご酢……40ml

EV オリーブオイル……50ml

白ワインビネガー……大さじ 1

あればタラゴン（粉末）……少々

作り方

すべてをフードプロセッサーに入れ、
なめらかになるまで攪拌する。

日持ち：常温で約 1 週間

 コンソメでサッと煮たかぶや、焼いた鶏肉などに合わせてください。もちろん、スモーク
サーモンや生ざけのムニエルなどにも合いますよ。

白菜とオイルサーディンのケッパーソースがけ

材料(2人分)

白菜……2 枚

オイルサーディン……1 缶

ケッパーソース……適量

作り方

一　白菜は 10cm長さに切る。耐熱容器に白菜とオイルサー
　　ディンを交互に重ねる。

二　ラップをかけ、電子レンジで 7 分加熱する。

三　半分に切って器に盛り、【ケッパーソース】を添える。

にんにくの効いた
酸味のあるイタリア風

印判 区割り桜文小皿 明治期

アンチョビドレッシング

材料(作りやすい分量)

アンチョビ（フィレ）……1缶（約50g）
EV オリーブオイル……大さじ3
レモン汁……大さじ2
ケッパー（酢漬け）……大さじ1
にんにく（すりおろし）……少々
塩……少々
胡椒……少々

作り方

すべてをフードプロセッサーに入れ、なめらかになるまで攪拌する。

日持ち：冷蔵庫で約2週間

 パスタに絡めても美味しく、ゆで野菜や魚のソテーなどのソースにも使えます。

ブロッコリーのアンチョビ温サラダ

材料(2人分)

ブロッコリー……1/2個
アンチョビドレッシング……大さじ3

作り方

一　ブロッコリーは小房に分け、ラップに包んで電子レンジで6分加熱する。
二　器に【アンチョビドレッシング】を敷き、（一）を盛る。

砂糖にはない優しい甘さが
素朴な食材を引き立てる

金彩プリント豆皿

プルーンペースト

材料（作りやすい分量）

ドライプルーン（種なし）……150g

EV オリーブオイル……50g

パルミジャーノ・レッジャーノ（粉）……50g

作り方

すべてをフードプロセッサーに入れ、なめらかになるまで攪拌する。

日持ち：冷蔵庫で約1ヶ月

 素朴な甘みのプルーンソースは、豚肉やインゲンのソテーと相性がいいですね。今回はほのかな甘みのあるタイガーナッツに組み合わせましたが、ゆでたれんこんやじゃが芋など、ほんのり甘い根菜に合わせても。

タイガーナッツのプルーンペースト和え

材料（2人分）

乾燥タイガーナッツ……15g

プルーンペースト……大さじ2

作り方

一　タイガーナッツはひと晩水に浸してもどす。

二　水気をきり、【プルーンペースト】で和える。

タイガーナッツは、抗酸化作用や豊富な食物繊維など栄養価が高く、新たなスーパーフードとして注目されています。ナッツ（種実）ではなく、植物の地下茎（塊茎）で、サクサクとした食感が楽しめます。

和え衣に漬けだれに、爽やかな辛さが酒を呼ぶ

手前から染付 葡萄蝙蝠文小鉢 江戸期、備前 徳利 松井與之作、伊賀 ぐい呑／金継ぎ：伊東ひろ子

唐辛子味噌

材料（作りやすい分量）
青唐辛子……10本
麦味噌……500g
砂糖……大さじ2

作り方
一　青唐辛子は小口切りにする。
二　フライパンで香りが出るまで、（一）を中弱火でこがさないように注意しながら空炒りする。
三　火を止め、麦味噌と砂糖を加えて混ぜる。

日持ち：常温で約3ヶ月

ゆでたマカロニに絡めたり、焼き魚や目玉焼きにかけるなど醤油代わりに使って。

ひたし豆の唐辛子味噌和え

材料（2人分）
ゆで枝豆（正味）……100g
唐辛子味噌……大さじ2

A
│白出汁……大さじ1
│水……100㎖
│醤油……少々
│塩……少々

作り方
一　枝豆はゆでてさやから取り出し、100gにする。【A】に浸し、常温で半日ぐらいおく。
二　汁気をきり、【唐辛子味噌】で和える。

うずら卵の唐辛子味噌煮

材料（作りやすい分量）
うずら卵……10個
唐辛子味噌……大さじ1
白出汁……小さじ1
水……大さじ2

作り方
一　うずら卵は沸騰した湯に入れて5分ゆでる。水にとって殻をむく。
二　小鍋に唐辛子味噌と白出汁、分量の水、（一）を合わせ、汁気がなくなるまで煮る。

日持ち：冷蔵庫で約1週間

瑠璃釉四角豆皿 寺島千代子作

これひとつで味が決まる、旨みとコクの味噌だれ

有田 染付 菊水文船形小鉢／金継ぎ：伊東ひろ子

にんにく味噌

材料（作りやすい分量）

にんにく……1玉
味噌……250g
砂糖……30g
白すり胡麻……25g
かつお昆布出汁の素（顆粒）……10g
酒……大さじ3
みりん……大さじ2
酢……大さじ1
一味唐辛子……小さじ1

作り方

にんにくはすりおろす。すべての材料を小鍋に合わせて火にかける。弱火でかき混ぜながら、元の味噌の硬さになるまで煮る。

日持ち：冷蔵庫で約3ヶ月

目玉焼きに添えたり、もろきゅうや豆腐に合わせたり、何にでも合うので、醤油の代わりに使ってください。炒め物の味つけはこれだけでOK！

豚肉とピーマンのにんにく味噌炒め

材料（2人分）

豚薄切り肉（ロースまたは豚肩ロース）……100g
ピーマン……2個
サラダ油……小さじ2
にんにく味噌……大さじ2

作り方

一　豚肉とピーマンはひと口大に切る。
二　フライパンに油を熱し、豚肉を炒める。色が変わったらピーマンも加えて炒める。
三　にんにく味噌を加えてざっと混ぜる。

さっぱりしていて
スタミナも補給できる

左から、染付 角小皿、染付 なずな文猪口 江戸期／金継ぎ：大川薫

にんにく黒酢

材料（作りやすい分量）

にんにく……適量
黒酢……適量

作り方

にんにくは1片を縦半分に切って保存容器に入れ、黒酢をひたひたまで注ぐ。きっちりふたをして、常温で1ヶ月以上おく。

日持ち：常温で約1年

 中華の酢醤油の代わりになりますので、餃子や冷ややっこ、ゆで野菜などにどうぞ。我が家では毎朝の納豆に、醤油代わりに使っています。

揚げなすのにんにく黒酢醤油がけ

材料（2人分）

なす……2本
片栗粉……大さじ1
揚げ油……適量
細ねぎの小口切り……少々

にんにく黒酢醤油
　にんにく黒酢……大さじ1
　にんにく黒酢に漬けたにんにく
　　……1片分
　醤油……大さじ1
　みりん……小さじ1

作り方

一　【にんにく黒酢醤油】を作る。にんにくは粗みじん切りして、すべての材料と混ぜ合わせる。

二　なすはひと口大に切る。ポリ袋に片栗粉となすを入れ、袋をふって粉をまんべんなくまぶす。180℃に熱した揚げ油で揚げる。

三　器に（二）を盛って（一）をまわしかけ、細ねぎを散らす。

オリエンタルな痺れる
辛さをオイルに閉じ込めて

左から、染付 なずな唐草文小鉢、染付豆小鉢 大正期

花椒オイル

材料（作りやすい分量）

花椒（粒）……10g
（ホワジャオ）
水……大さじ2
サラダ油……100㎖
胡麻油……大さじ2

作り方

一　鍋に花椒と分量の水を入れてひと煮立ちさせ、しばらくおいてふやかす。

二　水気をきって耐熱の保存容器に入れる。150℃に熱したサラダ油を注ぎ、胡麻油も加える。

日持ち：常温で約1ヶ月

 ピリッと辛みの効いた中華風のオイルなので、点心のたれに入れたり、スープに入れたりしてください。

大根の花椒オイルがけ

材料（2人分）

大根……5㎝
白出汁……小さじ1/2
花椒オイル……小さじ2

作り方

一　大根はマッチ棒ほどの太さに切る。

二　大根に白出汁をふって軽くもみ、【花椒オイル】をかける。

納豆とアボカドの花椒オイル和え

材料（2人分）

アボカド……1/2個
小粒黒納豆……1パック（50g）
花椒オイル……小さじ2
醤油……小さじ2

作り方

一　アボカドは種を除いて皮をむき、ひと口大に切る。

二　納豆は混ぜ、（一）、【花椒オイル】、醤油と和える。

胡麻の風味豊かな
コクのある胡麻和えの素

染付 梅文汲み出し 大正期

しっとり胡麻和えの素

材料（作りやすい分量）

白すり胡麻……大さじ5
白練り胡麻……大さじ5
醤油……大さじ3
砂糖……大さじ1

作り方

すべての材料をよく混ぜ合わせる。

日持ち：常温で約3ヶ月

 これを作っておくと、塩もみした野菜を和えるだけで、あっと言う間に胡麻和えができます。ゴーヤ、きゅうり、なす、湯葉、ゆで鶏など肉料理にも使えます。パン種に混ぜて焼いてみたら、なかなか美味しい胡麻パンになりました。

ズッキーニのしっとり胡麻和え

材料（2人分）

ズッキーニ……1本
塩……少々
しっとり胡麻和えの素……大さじ3
白炒り胡麻……少々

作り方

一　ズッキーニは2mm厚さの小口切りにする。塩をふってもみ、水気を絞る。
二　【しっとり胡麻和えの素】で和え、白炒り胡麻をふる。

比較的早く開封するもの

鍋に保存容器の瓶とふたを入れ、全部浸かるまで水を注ぎます。火にかけて沸騰させ、5分煮沸したら、湯をきりながら清潔な布巾に取り出します。熱いのですぐに乾燥します。殺菌したての瓶に、詰める素材を熱いうちに入れ、空気が入る余地がないくらい口いっぱいまで詰めてふたをし、逆さにして冷まします。

長期保存したい場合

谷中生姜の甘酢漬けなど1年間にわたって保存したいものは「比較的早く開封するもの」の方法に加え、脱気殺菌します。大きな鍋に素材を詰めた瓶を入れ、殺菌したふたを軽くのせます。瓶の中に水が入らない程度（瓶の肩口）まで熱湯を注ぎ、20分煮ます。鍋から取り出してすぐにふたを少し開けて空気を抜き（脱気）、即座にふたをきっちり締めます。瓶を逆さにして冷ましてください。

二重ラップがけ

保存容器のふたの内側にラップを1枚かけます。ソースや食材をめいいっぱい入れない場合や使いかけで中身が減ったら、食材に空気があたらないようにラップをもう1枚、食材にはりつけるように直接敷きます。

mame_column 5

短期〜長期まで、家での保存術

　せっかく手間をかけるなら、いっぱい作って長く楽しみたい。私はわけもなく、とてつもなく面倒なモノを作りたくなるときがあります。それは刺繍だったり、キルトだったり、編物、庭……。頭の中にデザインだけして放置しているものが100個くらい溜まっています。いくら100歳時代といわれていても、なんとかしないと。いずれやります！でも、食べるものならびっくりするくらい根性が入って楽しく作ります。何ヶ月かおいて呑めるリモンチェッロ、様子を見続けて3年漬けて食べる梅干、2日がかりでつくるコンフィチュール、酢漬け、煮豆、半日かけて煮込む牛スジ。保存のきくものは、お裾分けしたときに喜んでもらえます。うちの愛犬にはかわいそうだけれど、雨の日は散歩の時間があくのでよく保存食を作ります。瓶が並ぶと豊かな気持ちになるんです。

　ここでは私がやっている保存方法をご紹介。すべてにいえることですが、詰めたら口元はきれいにしておくこと。そこからカビが発生します。煮沸消毒する場合は、ガラスか陶器、金属の容器を使います。プラスチックやゴムつきの容器は使えません。

四章

お碗・ご飯・豆皿スイーツ

——〆にも呑み始めの
虫養いにもいい——

お椀

とろりとのどを潤す
濃厚で贅沢なうにの香り

手前から、焼締脚付き小皿、焼締豆鉢 ともに寺島千代子作／金継ぎ：大川薫

うにとろろ

材料(2人分)

生うに……小１箱（約 50g）
塩水
　……水 100㎖ + 塩小さじ 2/3
長芋……200g

A
　白出汁……大さじ 1
　醤油……小さじ 1
　塩……少々
　水……150㎖

薬味（小口ねぎ、練りわさびなど）

作り方

一　【A】はお吸い物よりやや濃いめ
　　の塩加減で作り、冷蔵庫で冷や
　　す。

二　うには塩水に浸し、10 分おいて
　　ミョウバンを抜く。

三　フードプロセッサーにざく切りに
　　した長芋、うに（飾り用に少し
　　取り分ける）を入れて攪拌する。
　　（一）を加えてさらに攪拌する。

四　器に盛ってうにを飾り、薬味を添
　　える。

 塩水うにを使う場合は（二）の工程は不要です。

材料（2人分）

木綿豆腐……1/2丁（150g）

なす……1本

かつお昆布出汁の素（顆粒）……3g

水……300㎖

生姜汁……大さじ1

醤油……少々

塩……少々

水溶き片栗粉

　……片栗粉大さじ1＋水少々

白炒り胡麻……たっぷり

トッピング（三つ葉、焼き海苔）

作り方

一　豆腐となすは食べやすい大きさに切る。

二　鍋にかつお昆布出汁と分量の水を入れて煮立たせ、（一）、生姜汁、醤油と塩を加えて煮る。

三　なすに火が通ったら火を止め、水溶き片栗粉をまわし入れてとろみをつける。器に盛り、胡麻とトッピングを散らす。

焼締汲み出し（おそらく益子の若手作家）

豆腐と
なすのごま汁

生姜をアクセントに加えた
香ばしくも懐かしい一碗

かぶのすりながし、

とろりと優しい口当たりの
冬に食べたい和のポタージュ

鈞窯釉汲み出し 寺島千代子作

材料（2人分）

かぶ……4個
塩……適量

A
│ 白出汁……大さじ2
│ 醤油……小さじ1
│ 塩……少々
│ 水……350mℓ

トッピング（かぶの若い葉、
　柑橘の皮、黒七味）

作り方

一　かぶは茎を切り落とし、皮をむい
　　てざく切りにする。鍋に【A】と
　　かぶを入れて煮立たせ、柔らかく
　　なるまで煮る。

二　粗熱をとり、煮汁ごとフードプロ
　　セッサーに入れる。なめらかにな
　　るまで攪拌する。

三　鍋に戻し入れて温め、塩で味を整
　　える。器に盛り、トッピングをの
　　せる。

 えんどう豆、かぼちゃ、じゃが芋、ビーツなどで作っても美味しいですよ。夏は冷たくして、和
風ビシソワーズのように楽しんでも。

132

さらっとした南インドの
スパイスカレー風

伊賀 灰釉汲み出し 福森雅武作／金継ぎ：大川薫

南インドのお碗

材料（4人分）

鶏肉（むねまたはもも）……150g
トマト……1個
エリンギ……1本
玉ねぎ……1/2個
ズッキーニ……1/2本
オリーブオイル……少々
コンソメスープ……400㎖
ガラムマサラ……小さじ2前後

A
｜クミン（ホール）……10粒
｜クローブ（ホール）……3粒
｜カルダモン（ホール）……2粒
｜シナモン（スティック）……1本
｜ベイリーフ……1枚

B
｜プレーンヨーグルト……200㎖
｜カレー粉……大さじ1

作り方

一　鶏肉、トマト、エリンギはひと口大に、玉ねぎは薄切り、ズッキーニは1㎝幅の輪切りにする。

二　フライパンにオリーブオイルを薄く敷いて熱し、【A】を香りが立つまで炒める。玉ねぎを加えて炒め、鶏肉も炒める。トマト、エリンギ、ズッキーニを加えてさらに炒める。

三　コンソメスープを注ぐ。煮立ったら混ぜ合わせた【B】を加え、さらに10分ほど煮る。ガラムマサラで辛さを調整する。

冷蔵庫で5日保存できるので、たくさん作って食べる直前に温めなおしたいスープ。南インドではヨーグルトをよく食べますし、スパイスは元気のもとです。なすを加えてもいいですね。

材料（2人分）

あさり（殻付き / 砂抜き）……10 粒
キャベツ……小 1 枚
水……200㎖
かつお昆布出汁の素（顆粒）……3g
塩……ひとつまみ
酒……大さじ 1
醤油……小さじ 1
生姜汁……小さじ 1

薬味（針生姜）

作り方

一　キャベツは 2㎝角ぐらいに手でちぎる。

二　すべての材料を鍋に入れて火にかけ、キャベツが少しかたいくらいで火を止める。

三　器に盛り、針生姜を添える。

 あさりは使う前に殻をこすり合わせるように流水で洗ってください。

阿漕焼 魚文汲み出し

あさりのお碗

柔らかな春キャベツの時期に作りたい具だくさんなお碗

備前 緋襷湯呑み

そら豆のお椀

目にも美味しい
空豆の緑と海老の赤

材料(2人分)

そら豆……10粒
むき海老……6尾
水……100㎖
白出汁……大さじ1
醤油……小さじ1
塩……少々
豆乳……300㎖

作り方

一　そら豆はさやから取り出す。海老は背ワタを取る。

二　鍋に分量の水、白出汁、そら豆を入れて火にかける。煮立ったら海老を加える。

三　再び煮立ったら弱火にし、醤油、塩、豆乳を加えて温める。

そら豆の薄皮は、むかずにゆでて食べます。食物繊維が豊富で、ほどよい噛み応えが酒の合間のお椀向き。

パンにもご飯にも合う
簡単ブイヤベース

益子 手付き小鉢 若手作家作

さば缶ブイヤベース

材料（2人分）

さば缶……1缶（150g）
玉ねぎ……1/4個
エリンギ……1本
にんじん……30g
セロリ……1/2本
オリーブオイル……小さじ2
コンソメスープ……400㎖
味噌……大さじ1
あればサフラン……少々

トッピング（ディル）

作り方

一　野菜はすべて大きめの短冊切りにする。

二　鍋にオリーブオイルを熱して（一）を炒め、コンソメスープを加える。煮立ったら味噌を溶き入れ、あればサフランを加える。

三　さば缶を缶汁ごと加え、温める。器に盛り、ディルを飾る。

ご飯

赤身のヅケを酢飯にのせた
シンプルに旨い漁師飯

荒目信楽土 マット釉向付 寺島千代子作／ふた付きの向付を小どんぶりの代わりに使いました

てこね寿司

材料(2人分)

白米……1合（180㎖）

かつおまたはまぐろ（刺身用・さく）
　……1さく（200g）

青じそ……3枚

生姜……1片

もみ海苔……1/2枚分

寿司酢
　｜ 米酢……100㎖
　｜ 砂糖……大さじ3
　｜ 塩……大さじ1

醤油たれ
　｜ 醤油……50㎖
　｜ 砂糖……大さじ1/2
　｜ 酒……小さじ2
　｜ みりん……小さじ1

作り方

一　白米は炊飯器の酢飯モードの水の分量で炊く。炊き上がり10分前にふたを開け、炊いている途中のご飯に【醤油たれ】大さじ1と1/2をまわしかけ、ふたをする。炊き上がったら熱いうちに【寿司酢】を混ぜて冷ます。

二　刺身は鮨ネタのようにそぎ切りにする。残りの【醤油たれ】に20分以上、好みの具合まで漬ける。

三　青じそと生姜は千切りにし、水にさらす。

四　器に醤油たれのしみたご飯を盛り、もみ海苔、（三）、（二）の順に盛る。

 まつの生まれた三重県の郷土料理です。今回はまぐろで作りましたが、初がつおや戻りがつおのシーズンはぜひかつおで作ってみて。ひらまさなど大型の魚で作っても美味しいですよ。お祭りのときは錦糸卵、煮椎茸やかんぴょうなどを入れる家もあります。

材料（2人分）

五分搗き玄米……150㎖
スーパー大麦……大さじ2
水……200㎖
白胡麻塩……適量
好みのぬか漬け……適量

作り方

一 五分搗き玄米は水洗いして水気を
　きる。スーパー大麦と分量の水を
　合わせ、白米と同様に炊く。
二 小さめににぎって胡麻塩をまぶ
　し、ぬか漬けを添える。

 オーストラリア政府が威信をかけて開発したスーパー大麦は、食物繊維が豊富で、発酵食品と
共に摂ると腸内フローラが快適になります。日本産のものでは、もち麦で代用してもいいですね。

瀬戸 馬の目おてしょ皿 明治期

スーパー
大麦の
おにぎり

酒の〆にうれしい
噛み応えのある
ヘルシー小むすび

日ノ丸ご飯

酒の後の体にしみ入る
心地よい酸っぱさ

萩 汲み出し

材料(2人分)

五分搗き玄米……150㎖
スーパー大麦……大さじ2
水……200㎖

梅の素
  梅干し……1個
  白出汁……小さじ1
  あれば赤梅酢……少々

トッピング(かつお節、もみ海苔、
あれば三つ葉の粗みじん切り)

作り方

一　五分搗き玄米は水洗いして水気を
きる。スーパー大麦と分量の水を
合わせ、白米と同様に炊く。

二　【梅の素】を作る。梅干しは種を
除いて包丁でたたき、白出汁、あ
れば赤梅酢を混ぜる。

三　茶碗にご飯を盛り、【トッピング】
と【梅の素】をのせる。

 そのまま食べても、和出汁を醤油と塩で吸い口くらいの味にした汁でお茶漬けにしても美味しい。
【梅の素】は冷蔵で約3ヶ月保存できるので、多めに作って和えものや冷ややっこにのせても。

142

材料（2人分）

五分搗き玄米……1合（180㎖）
水……200㎖
白炒り胡麻……少々
青じそ……5枚
生姜……1片
しらす干し……大さじ4

作り方

一　玄米は水洗いして水気をきる。分量の水を合わせ、白米と同様に炊く。
二　青じそ、生姜は千切りにする。
三　茶碗にご飯を盛り、胡麻、青じそ、生姜、しらす干しの順にのせる。

阿漕焼　麦わら手汲み出し

しらすご飯

薬味たっぷりじゃこ菜飯。
よく混ぜて食べて

山椒蕎麦

山椒があるだけで
豊かな食後感に満たされる

左から、志野 ぐい呑、総織部 薬味皿、鉄釉豆皿 すべて寺島千代子作

材料（2人分）

蕎麦……2人分
山椒若芽の佃煮（市販品）……適量
実山椒の醤油煮（市販品）……適量
花山椒の醤油煮（市販品）……適量
粉山椒……適量

蕎麦つゆ
　醤油……大さじ2
　みりん……大さじ1と1/2
　白出汁……大さじ1
　水……200㎖

作り方

一　【蕎麦つゆ】は鍋に合わせ、ひと
　煮立ちさせる。そのまま冷ます。

二　蕎麦は表示通りの時間でゆでる。
　冷水にさらして、器に盛る。

三　（二）に【蕎麦つゆ】、4種の山椒
　を添え、山椒をつゆに加えながら
　食べる。

豆皿スイーツ

カステラ×
フルーツの砂糖漬け

作り方

カステラを切り、市販のフ
ルーツの砂糖漬けか、ドライ
フルーツの蜂蜜漬け（P90）
を挟む。

左から、織部 豆皿、織部 脚付き楕円皿 まつ作、梅形豆皿 まつ作

市販の和菓子をアレンジ。
甘過ぎない、大人スイーツに

もなか×ドラゴンフルーツ

作り方
小さめの最中にドラゴンフルーツやマンゴーを挟む。ほか、リンゴなどあっさりしたフルーツと好相性。

どら焼き×マスカルポーネ

作り方
どら焼きを4等分に切り、マスカルポーネチーズを挟む。ほか、ブッラータなどあっさりしたチーズと好相性。

ほろ苦くも香り高い
お茶がしみた高貴な甘味

リキュールグラス アンティーク バカラ

ドライフルーツと
クコの実の
烏龍コンポート

材料（2人分）

烏龍茶（ホット）……300㎖

好みのドライフルーツ……大さじ5

クコの実……大さじ1

グラニュー糖……大さじ1

八角……1/2個

シナモン（パウダー）……小さじ1/3

クローブ（パウダー）……小さじ1/3

ナツメグ（パウダー）……小さじ1/3

作り方

一　耐熱の器に、烏龍茶以外の材料を等分に入れる。

二　熱々の烏龍茶を注いで混ぜる。すぐ食べられるが、30分ほどおくとより美味しい。

ドライフルーツは、クランベリー、レーズン、オレンジ、パインなどミックスを使いました。スパイスはホールを使用しても OK。その場合は、シナモン1本、クローブ3粒に変えてください。

材料（2人分）

キウイフルーツ（グリーン）
　……1/2個
キウイフルーツ（ゴールド）
　……1/2個
甘みのあるリキュール……100㎖

作り方

一　キウイは皮をむき、5㎜幅の薄切りにする。

二　器に盛り、リキュールを注ぐ。

 リキュールはお好みで、家にあるものでどうぞ。今回は、ハイチ産の甘いミックスフルーツのリキュールを使いました。ほかのフルーツでも試してみてください。

シャンパングラス 大正期

リキュールキウイ

もう少し飲みたい、そんなときにも嬉しい

干し柿と
ブルーチーズと蜂蜜

深い甘さを湛えた干し柿は
実は乳製品と相性抜群

手前から、有田（深川青磁）青磁稜花形小皿／金継ぎ：大川薫、リモージュ デミタスカップ

材料(2人分)

干し柿……2個
ブルーチーズ……2切れ
蜂蜜……適量

作り方

一　干し柿は横に切り込みを入れ、
　　チーズを挟む。

二　器に盛り、蜂蜜をかける。

 柿の鮮やかなオレンジ色は、カロテンが豊富な証拠。ポリフェノールの一種であるタンニンが多く含まれ、二日酔いの解消にもいいといわれています。

五章

器のはなし

── 豆皿、小鉢、徳利に猪口 ──

豆小皿と金継ぎ

　豆皿・小皿に盛ったお料理はいかがでしたか？　とにかくなんでもいいから、チョコチョコ種類をたくさん食べると満足します。どんぶりだけ、ワンディッシュだけだと、よほど美味しければ満足できますが、なにかが物足りない。でも、冷蔵庫にあるものをいくつかの豆小皿に盛って並べるだけで、独りの家酒でも豊かな気分。それで自然に染付の豆皿が集まってきました。

　もし、お気に入りの器を割ってしまったら、キンツギ・金継ぎをします。銀だったり、漆だったり、共なおし（繋ぎ目が判らないように継ぐ）だったり。古田織部はわざと壊して、継いだ風情を楽しみましたが、そういうアートではなくても、金や黒漆が入ると華やかになったり、締まって渋くなったりして素敵です。私は今、伊東ひろこさんと大川薫さんに繕ってもらっていますが、別の素敵な器に生まれ変わったり、予想もしない繕い方を提案してくれます。

金継ぎ師　profile

伊東ひろ子／本業はテキスタイルデザイナーで商品企画を生業とする。美しくない繕いの古伊万里の小皿を買ったことから金継ぎに目覚める。現在、金継宗家宗匠 塚本将滋氏より金継技法を習得中。

大川薫／ファッションブランドの企業デザイナーの後、企画デザイン会社を設立。ライセンスブランドをいくつも手がけ、リタイア後は金継ぎ、仕覆(しふく)、組紐と茶道周りの手仕事にいそしむ。

染付猪口 大正期／金継ぎ：伊東ひろこ

　豆皿：10cm 以下の小皿。古くは江戸時代、食事の膳に「清めの塩」を盛るための皿だったといわれる。現在は醤油やおろし生姜、香の物などを盛るのに使われ、デザインも多様化。箸置き代わりに使う人も。

染付：呉須などの顔料で絵つけし、透明な釉をかけて焼成した陶磁器（主に磁器）で藍青色に発色する。日本では 17 世紀、伊万里で作られ始めた。

金継ぎ：陶磁器の破損部分（割れ、欠け、ヒビなど）を漆で接着し、金や銀、色漆などで装飾して仕上げる修復技法。

古田織部：安土桃山・江戸前期の武将・茶人。千利休に学び、織部流茶道の祖。織部焼は、織部好みの奇抜で斬新な形や文様の茶器で、主に岐阜県・美濃地方で生産された。

兎

器選びは自分らしく

親や友人、なぜか周りにうさぎ年が多いせいか、ふと集めたくなるうさぎの器。江戸期に作られた兎文の汲み出しは、ちょっぴりゆがみがあるのも愛おしい。

奥から、伊万里 染付 兎文碗 江戸初期、有田 染付 兎文小皿

ブルーが好きでジーンズメーカーに就職し、インディゴに埋もれて四半世紀を過ごしました。未だにブルーが大好きで、店の壁はブルー、自宅のカーテンもブルーです。日本のブルーは濃さや混ざり具合で、いろいろな呼び名があります。染付の呉須もいろいろな色合が生まれます。形も模様も笑っちゃうくらいに可愛いものがあるんです。そんな風に、自分らしい色やモチーフから器を集めていくのも面白いですよ。

どんどん増えていくうさぎモチーフ。中央のタジン鍋（寺島千代子作）を3羽のうさぎが支えている兎五徳鋳物は、古道具屋さんで購入。木彫りと陶器のうさぎのオブジェは東南アジアで入手しました。

鳥

千鳥やひよどり、鷺、蝙蝠など鳥も大好きなモチーフのひとつ。シンプルな意匠の千鳥文もあれば、華やかな色絵、鳥形の豆皿もあり、組み合わせて使うのも楽しい。

左上から時計回りに、色絵花鳥文五寸膾皿 江戸期、染付 千鳥文豆皿 江戸期、色絵千鳥文四方小鉢 明治期、染付 千鳥形豆皿 江戸期

染付 千鳥文豆皿
江戸期

染付 鷺文豆皿 江戸期

唐草

唐草文とは、植物のつるや茎に葉や花をつけて連続に描いた文様の総称です。とても種類が多く、葡萄や牡丹、蛸唐草など、これがすべて唐草⁉と思うほど印象も変わります。

右上から、微塵唐草、蛸唐草2種、なづな唐草、花唐草2種／なづな唐草は大正期、ほかすべて江戸期

器との出会い

いいものは大事に残されてきたので、いま残っている昔の器はどれも素敵です。真似して作ったものとは完成度が違う。でもお値段が高くて、なかなか気軽には買えません。

現代のものでも、ひょんなところで素敵な器に巡り合います。骨董屋といえない、がらくた屋や雑貨屋、ヨーロッパの田舎の食器店。見かけるとつい入ってしまいます。我が家にそんなに大きな食器戸棚はないけれど、豆皿だったら置き場所に困りません。

この本に掲載した器の中には100円の豆皿から、ネットで購入した現代のもの、古い時代の器、人間国宝の作った徳利まであります。みんな愛おしくて大切な宝物。だから器遊びは楽しい。

プリント

三重から東京に上京し、初めて一人暮らしを始めたときに購入した器です。当時はもう一目ぼれ、何十年経ってもかわいいなぁと思わせてくれる想い出の器です。けっして高い器ではないけれど、自分の人生に寄り添ってきてくれた大事な一枚です。

プリント魚文長皿

自作

逆さにすると⁉

アーキュエイトとは、リーバイス・ジーンズのバックポケットに縫い込まれた弓形ステッチのこと。料理を盛るときは、水平の面を手前に置きますが、上下を返すと実はポケットという遊び心のある器を自作しました。

絵織部 アーキュエイト形向付 まつ作

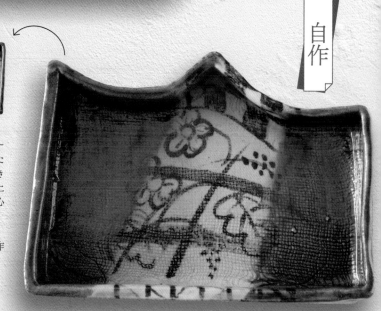

備前

このほっこりした形が好き。ジーンズを企画していた時代、頻繁に岡山県に出張に行っていて、備前焼の里にもよくお邪魔しました。伊勢崎淳さんは窖窯という備前特有の窯を100年ぶりに復元した方で、2004年に重要無形文化財「備前焼」保持者に認定されました。備前焼は釉薬をかけずに高温で焼き上げる、まさに火と土の芸術品。お酒を注ぐと、格段においしくなる徳利です。

備前 徳利 伊勢崎淳作

唐津

唐津焼は佐賀県や長崎県で作られている焼き物で、ざっくりとした粗い土を使った素朴でいて力強い器。日本で初めて絵付けをしたといわれていて、草花や鳥などのモチーフが描かれています。わびさびのきいた風情が大好きでずいぶん集めましたが、好きゆえに大事な知人にほとんど譲ってしまい、今はほんの少しの器が手元に残っています。

絵唐津 草花文向付

豆小皿で
今宵も一献

食材別インデックス

「まつ」ができるまで

　料理を始めたきっかけは、引っ越して台所が広くなったので友人を招く機会が増えたから。ほぼ毎週、誰かが来ていて、資源ごみの日には2回行かないと持ちきれないほどの酒瓶と空き缶でした。その飲み会の延長で管理栄養士の新家早苗先生にお越し頂き、1ヶ月に1度、3年間36回、私と後輩2人に料理の手ほどきをして頂きました。先生は家電メーカーの調理も担当なさっていて、冷蔵庫・冷凍庫の活用法、電子レンジでの早ワザ、フードプロッセッサーなど、いろいろな家電の使い方を教えてくださいました。さらに保存食レシピ、美味しい素材やお店、お土産などなど、食べる事はもちろんそれ以外も、それはもう、お助かり情報を山ほど伝授。当時私は、大手ジーンズメーカーで超多忙な日々を送っていたので大変に助かりました。この料理教室がなければ、料理の仕事をしようとも思わなかったでしょう。サラリーウーマンを辞めたとき、今までとは別のことをやろうと思い、織田調理師専門学校に通いました。同級生は18歳がほとんど。楽しかったぁ〜。卒業後は原宿の会員制隠れ家レストラン「楽春居」で調理を3年担当しました。

　その後、不特定多数のお客様に向けたリーズナブルな店をやろうと、夫婦ふたりで「まつ」を千駄ヶ谷にオープンしました。店名は私のニックネームから。料理考案とサービスは私こと・まつが担当し、調理はパートナーのしげさん、そして初代店長はミニチュア・ダックスフンドの豆太です。

先代店長 豆太

店長見習い 左介

　開店当初はメニューも 10 くらいしかなく、あまりにもお待たせして怒って帰られた方がいらしたことも。はじめの 3 ヶ月のお客様は全員が友人でしたが、徐々に新しいお客様もレシピも増えていきました。お手伝いのスタッフたちや、一生お友達でいさせてくださいと思えるお客様にも恵まれ、今まで続けて来ることができました。周りの方々への感謝の気持ちでいっぱいです。2020 年春からは店長見習いとして、ミニチュア・シュナウザーの左介ががんばっています。名前は尊敬する偉大なアーティスト・古田織部の通称と、左党の介護犬＝左介にちなんでいます。

　縁あってこの本をお手にとって頂いた方々、「まつ」のお客様、我々の周りにいる方々が、いかに快適な毎日が過ごせるかを念頭において今後も料理し続けたいと思います。4 分の 1 世紀をデニムにまみれて過ごし、次の 4 分の 1 世紀は料理をし、あと 4 分の 1 世紀は我々の狭い世界ですが、ご縁のあった方々が健康な日々を送れるよう努力したいと思います。

きらいな食材も食べられるようになった、なんていわれたら嬉しい限りです。
なんでもかんでも楽しんで召し上がってください。

まつ　古屋文子

 左党：江戸時代、大工が左手にノミを持つことから左手を「ノミ手」といい、同じ発音「呑み手」にかけ、お酒をたくさん呑む人のことを「左利き」、「左党」と呼ぶようになったとされる。

まつ matsu

東京・千駄ヶ谷（北参道）にて、夫婦で営む酒と肴の家庭料理「まつ」。カウンターとテーブル2卓だけの小さな店ながら、各界の著名人がふらりとひとりで訪れる知る人ぞ知る名店。身近な食材を使った家庭料理の酒肴だが、油や塩、砂糖は控えめで、旨味はしっかり。美しい染付や土物の器に盛られた酒肴は、しみじみ美味しい、体が喜ぶものばかり。いいものを少しずつ色々食べたい、そんな大人の酒呑みが夜毎杯を重ねている。
http://matsu-kateiryori.tokyo

まつ：古屋（平松）文子
fumiko furuya

ラングラー ジャパンを経て、リーバイ・ストラウス ジャパンに20年在籍し、ジーンズを企画。退職後、原宿の会員制隠れ家レストラン「楽春居」で3年間調理を担当。2005年に「まつ」を開業。「まつ」では料理考案、サービス担当。

しげ：古屋茂男
shigeo furuya

建築内装・家具製造業を営み、デザインと施工にたずさわる。「まつ」では調理担当。店内の額縁など家具や装飾も手がけている。

STAFF

クリエイティブ・ディレクター：AZZAMI（advertising.orchestra/Craft Design Technology）
アートディレクター：菊地 祐、今住真由美（ライラック）
フォトグラファー：福岡 拓
スタイリスト：金城祐美（OR-STYLINGROOM）
編集・構成：嶺月香里

酒と肴　豆小皿料理一〇一銭

発行日	2020年9月16日	第1版第1刷

著　者　まつ

発行者　斉藤　和邦
発行所　株式会社　秀和システム
　　　　〒135-0016
　　　　東京都江東区東陽2丁目4-2　新宮ビル2階
　　　　Tel 03-6264-3105（販売）Fax 03-6264-3094
印刷所　三松堂印刷株式会社
　　　　　　　　　　　　　　　Printed in Japan

ISBN978-4-7980-6327-0　C0077

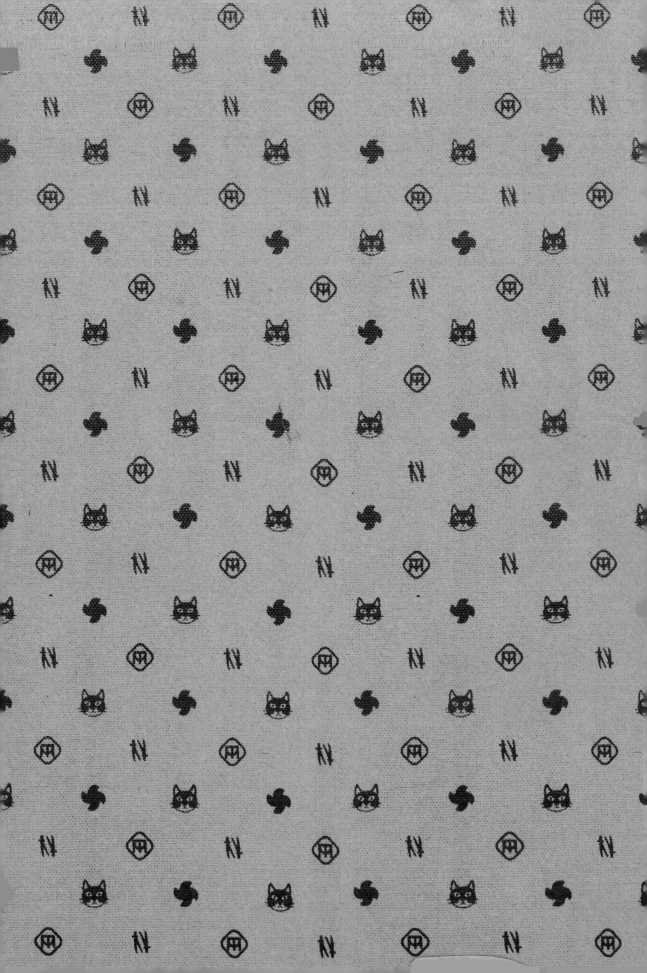